北京

旅行邂逅文艺范儿

《旅游圣经》编辑部 策划
仇潇潇 著

北京出版集团公司
北京美术摄影出版社

图书在版编目（CIP）数据

旅行邂逅文艺范儿. 北京 / 仇潇潇著. － 北京 ：
北京美术摄影出版社，2017.7
ISBN 978-7-80501-994-9

Ⅰ．①旅… Ⅱ．①仇… Ⅲ．①旅游指南－北京 Ⅳ．
①K928.9

中国版本图书馆CIP数据核字(2017)第022669号

责任编辑：董维东
特约编辑：王　华
助理编辑：鲍思佳
责任印制：彭军芳

# 旅行邂逅文艺范儿　北京
**LÜXING XIEHOU WENYI FANR　BEIJING**

《旅游圣经》编辑部　策划　仇潇潇　著

| | |
|---|---|
| 出　　版 | 北京出版集团公司 |
| | 北京美术摄影出版社 |
| 地　　址 | 北京北三环中路6号 |
| 邮　　编 | 100120 |
| 网　　址 | www.bph.com.cn |
| 总 发 行 | 北京出版集团公司 |
| 发　　行 | 京版北美（北京）文化艺术传媒有限公司 |
| 经　　销 | 新华书店 |
| 印　　刷 | 北京方嘉彩色印刷有限责任公司 |
| 版印次 | 2017年7月第1版第1次印刷 |
| 开　　本 | 700毫米×1000毫米　1/16 |
| 印　　张 | 18 |
| 字　　数 | 202千字 |
| 书　　号 | ISBN 978-7-80501-994-9 |
| 定　　价 | 69.00元 |

如有印装质量问题，由本社负责调换

质量监督电话　010-58572393

# 序
## PREFACE

如果你曾读过林语堂的《动人的北平》，你会知道，北京是豪爽的、迷人的、可爱的、清净的。即便现在的北京早已不再是近百年前的北平，但这些美好的特质早已深入她的骨髓。

也许曾有人告诉过你，北京是沉稳大气的，她有飞舞盘旋、起伏奔腾的万里长城；北京是知书达理的，她有崇文重教、学海无涯的国子监；北京是端庄优雅的，她有波光粼粼、莲叶田田的什刹海；北京是宽厚包容的，她有神圣庄严的教堂，有超然世外的雍和宫。可是，是否有人曾告诉过你，北京还是温柔与细腻的、清新与浪漫的？

北京的温柔与细腻躲藏在皇城里的每一处小街小巷小角落。是前门陕西巷的古朴客栈里一段美人助英雄的故事，是五道营胡同的咖啡馆里呼呼睡着大觉的猫咪，是纵横交错的南锣鼓巷里一份温润香醇的宫廷奶酪，是杨梅竹斜街上古老的民国书局里雕版印刷的线装书。

北京的清新与浪漫若隐若现在四季轮回的时光里。是早春时节胡同深处偶然探出的杏花枝，是仲夏夜晚弥漫茶香的民宿中抬头可见的漫天星辰，是晚秋雨后角楼边的咖啡馆旁洒落满地的梧桐叶，是初冬傍晚氤氲着雾气的茶食小馆外簌簌而下的飞雪。

北京的文艺从来都不装腔作势、故作矫情，而是带着温度、有着深度。一如798艺术区里的小剧场，伴随着欢笑与泪水，引领你思考爱情与青春；也如三联韬奋书店里那盏彻夜长亮的小橘灯，满足你对知识的渴望、夜读的痴狂；更如那些散落在各个胡同里的咖啡馆、民宿、创意小店，或许没有华丽的装潢、没有惊艳的味道、没有动听的故事，却有一点点情调、一点点温馨、一点点感动，让我们在平凡的每一天拥有一份触手可得的小幸福。

如果有一天，你来北京，莫匆匆、莫心急，像是千山万水赴约而来的情郎，轻轻走进她的心房，在清浅的时光里，静静感受她温柔与浪漫的情怀。

仇潇潇

# 目录
## CONTENTS

# 五道营胡同

诗意在这里栖居 /121

# 方家胡同

老胡同新格调 /087

# 前门
南城的精致时光 /157

# 故宫周边
此间风景最温柔 /199

# 五道口

菁菁校园，匆匆那年 /227

# 798 艺术区

你好，艺术；你好，情怀 /245

# 后记 /271

# 锣鼓巷

## 左手小确幸，右手小时光

柔柔的春风似少女的情怀，在鹅黄的新柳中，在姹紫嫣红的花丛里，在微波荡漾的春水上。这座古老皇城，也只有在这样的时节里，才能一改平日里的端庄与矜持，显露出些许娇羞。胡同里隐约传来古琴的声音，伴着暖暖微风，丝丝缕缕，仿佛打开了时光隧道，柔声细语地讲述着一段深闺小姐偶遇情郎的甜蜜与惆怅，抑或是达官显贵鲜为人知的前朝往事。

这样的光景是一定要去胡同儿走走的，其中南锣鼓巷名气最高、人气最旺，如今商贾云集热闹非凡，各种精美工艺品和特色小店让你流连忘返，惊喜不断；北锣鼓巷是后起之秀，少了些喧嚣，多了些静谧、舒适的闲暇时光。

清晨时分，可去帕尼诺餐吧来上一份精致的早午餐，伴着和煦的春风到小西堂逗逗猫咪，或到天堂时光旅行书店静静读一本美的书。中午到"印巷小馆"尝尝新派北京菜，再溜达到文宇奶酪来上一份甜蜜的宫廷奶酪。温暖的午后，坐在"小时光多肉咖啡馆"里跟柴犬鹿先生合个影，或者去戈多花园来杯鲜花饮品。傍晚时分，欣赏一下"创意无限"的泥塑，或者去蓬蒿剧场看一场先锋话剧。

胡同里的时光总是过得飞快，因为美好的事物总会让人不经意忘记时光的流逝。

# 客栈
KEZHAN

## 北平国际青年旅舍&北平咖啡
### ——这里有个秘密花园

莎士比亚有部著名的戏剧作品叫《仲夏夜之梦》，繁茂的森林、娇柔的花草、宁静的星空、皎洁的月色，还有淘气的精灵在飞舞、心生爱慕的年轻人为爱痴狂。在北京有这样一家客栈，仿若是《仲夏夜之梦》描述过的那般，虽然不是森林，却隐藏着一个秘密花园，可在烛光闪烁的露台上抬头看漫天星辰，也可坐在鲜花环绕的沙发里尝一杯苦中有甜的咖啡，最好的却是在花香弥漫的客房中，做一场仲夏夜之梦。

◆ 客栈特色

◆ 南锣鼓巷最具诗情画意的客栈
◆ 咖啡馆和旅舍处处可见盛开的鲜花
◆ 在露台上赏漫天星斗与万家灯火

### 这里花儿绽放

穿梭在南锣鼓巷主街，有一处地方总是引得无数游客争相拍照，人群熙熙攘攘，这就是北平咖啡。通透的玻璃窗外摇曳着的藤萝，窗下摆满的生机盎然的绿植，娇艳无比、芬芳四溢的鲜花。这里俨然已经成为南锣鼓巷最不可错过的风景，盛开着的鲜花无时无刻不在提醒着你，春天从未走远。

轻轻推开咖啡馆的玻璃门，才发现窗外的风景只是冰山一角，咖啡馆内的空间才展现着极致的美好。

舒适的布艺沙发被鲜花萦绕，背后还有一组水族箱，有鱼儿在水中欢快地游来游去。置物架摆放着白色的蜡烛，每当夜幕降临，忽闪着的烛火与浓郁的花香，悄无声息间弥漫着浪漫的气息。门厅处悬挂着等待风干的花束，每一个垂下的花束间隐藏着一只小灯泡，入夜，亮起的灯光晕染着花朵，焕发出平日里少见的妩媚与风情。

113-2

北平咖啡

咖啡 酒吧
Restaurant Cafe Bar

PEKIN平
Peking Youth Hostel
北平国际青年旅舍

北平国际青年旅舍门前

露台上的玻璃阳光房

在这里待上一个下午也不会无聊，有花可看，有景可赏。书架上还有书籍可随便翻阅，大部分有关家居、有关鲜花，这里的时光无时无刻不浸染在花朵的馥郁里，美好得让人不愿离开。

## 这里没有匆匆过客

穿过咖啡馆的大厅，或者绕过咖啡馆走进雨儿胡同，便会看到蓝白相间的YHA标识牌，这便是与咖啡馆同名的青年旅舍——北平国际。作为被英国《卫报》评为全球最酷的TOP10旅舍之一，这里自然充满惊喜。

青砖灰瓦，树木葱茏，推开吱呀的木门，就像是走进老胡同中的一处老宅院，屋内保留着的梁木让人不禁感怀时光流逝。

前台的姑娘亲切又礼貌，细心地为客人办理入住和退房手续，对每一位入住的房客，都会送到房间，一路上耐心讲解着客栈中的小细节，哪里有开水、哪里有书、晚上可以坐在沙发上与朋友聊天、楼梯拐角而上就是露台……通往房间的短短路途会遇到很多金发碧眼的外国友人，他们报以微笑，前台姑娘热情礼貌地say hello。

临近端午节，店内的小黑板上写着端午节活动的小公告，早有外国客人围坐在公共

进门后舒适的布艺沙发

空间的沙发上聊天，畅想着这次小活动。他们热烈地讨论着，话语中夹杂着不标准的中文"粽子""糯米"，如果不仔细听，真不知道说的是哪国语言。不过语言的差异并不影响大家的沟通交流，早有英文流利的中国小伙伴加入其中，耐心介绍着端午节的历史与习俗。

在这里，入住的人很难把自己当作匆匆过客，总是可以遇到有趣的活动、有趣的朋友。这里不仅是一家客栈，也是一处公共交流空间，只要你愿意打开心扉，总是可以在这里收获友谊。

## 这里的露台静悄悄

若是喜欢安静，晚间可以去露台上坐一坐。作为咖啡馆的一部分，这里的白天十分热闹，阳光晴好的时候每个桌前都坐满了人，撑起的阳伞隔离了阳光的燥热。在夜间，这里却十分清静，没有了慕名而来的咖啡客，留给房客的便是一处藏在露台的私家小花园。白色铁艺桌上已经点燃了烛火，抬头可见漫天星辰，远远也望见城市里的万家灯火。寻一处角落，或坐或立，微风拂过发丝，飘来一阵清香，或许是刚洗过的发香，也或许是鲜花的芬芳。

店内五彩缤纷的抽象画

盛开着的鲜花无时无刻不在
提醒着你，春天永未走远

床位间也丝毫不含糊，每一个床位都配有隔板和小台灯，贴心百分百

露台上有一处玻璃阳光房，里面有古朴的木桌与蒲团，这里是主人会客的地方。空间小巧却不逼仄，布满花草，十分有情调。木桌上有一只兔女郎雕塑，出自国内著名的女雕塑家向京，只见它眯着眼睛竖着耳朵一脸安详，好似闻到了幸福的味道。

北平国际适合与人共享，也适合独处。可两三好友席地而坐畅饮到天明，也可寻一处角落翻一本书，就像是坐在自家阳台的沙发里静静待一整天。在这里，花儿是精灵，抚平旅途的劳累与内心的焦躁，给人温暖，给人宁静。

📍 **客栈资讯**

地　　址：东城区南锣鼓巷113-2号

电　　话：010-64013961

预订方式：电话/青旅网站

房间价格：床位130~160元，大床房500元。

# 天堂时光旅行书店
## ——以梦为马，随风散落天涯

与摩肩接踵的南锣鼓巷相比，只有一街之隔的北锣鼓巷要清净得多，少了人声鼎沸，多了些许惬意。天堂时光旅行书店就坐落在这条古巷里，遥遥可见经幡摇曳，"以梦为马，随风散落天涯"。

◆ 书店特色

◆ 以旅行、摄影等书籍为主
◆ 经幡摇曳，充满藏族风情
◆ 原创明信片带你领略藏地风光

## 北京最靠近拉萨的地方

北锣鼓巷中的天堂时光在众多店铺中并不十分显眼，只是静静等待有缘人的来访。木质的门楣透着岁月的沧桑，上面除了刻有店名外还有"拾贰"两字，让人颇有些不解，后来才知，只因该店是天堂时光的第12家分店。

轻轻入门，里面明明放着音乐，却显得特别宁静。只觉得曲风空灵委婉，洗涤着灵魂，那种感觉仿佛若千年前在藏区牧场，阳光初次洒落在泛着雨水的牧草上，微风吹过，雨水滴答落地，反射出七彩的光芒一般。忍不住悄声问店主，演唱者叫什么名字，店主认真地说黛青塔娜。依旧是若干年前，在沙溪古镇的一家瑜伽客栈，我偶然间也听到过类似的歌曲，带给我的感觉一如此刻，不禁让我无限感怀。旅途中总会遇到这样的场景，一首歌、一句话、一段诗、一枝花、一种味道……无数微小的细节总是在不经意间有种似曾相识的感觉。

店内随处可见的藏文化元素，伴着悠长的藏族音乐，身心早已从这座城市穿越

店里的原创明信片很是让人喜爱，颇有深意的取景配上意味悠长的语句，总会给人一种别样的情怀和感觉。明信片所用的摄影照片绝大多数再现了藏地风情，与随处可见的藏饰相得益彰，突出了此间店铺的与众不同。明信片上有明亮的阳光、猩红色的僧袍、稚气未脱的小喇嘛。虽然上面的语句不是原创，但摘引更为用心，也难怪之前有朋友从西藏回来总是念念不忘拉萨的这家书店，据说来来回回寄出了几十张明信片。

## 书者的旅途驿站

作为一家书店，主角自然是书，大书架上摆满了密密麻麻的旅行、摄影与灵修相关的书籍。随手拿下一本，是左手和张千里的《我们始终牵手旅行》，从青梅竹马的小故事到携手旅行路过万水千山，最后与宝宝一起在路上，一口气便都读了下来。两位主角在生活与旅途中平凡的小细节总是温馨又浪漫，忍不住会在心里徜徉好久，羡慕好久，可是为了梦想中的生活方式所做的努力才最重要。

店里有两个来京旅行的小姑娘盘腿坐在沙发上看书，一个看的是郭子鹰的新书《最好的时光在路上》，另一个看的是蕾秋·乔伊斯的小说处女作《一个人的朝圣》。天色将晚时姑娘们起身离开，临行前向店主询问值得一去的有意思的地方，店主柔声细语一一解答，并嘱咐路上小心。

在这里，无论是装潢、书籍、音乐、明信片、书签，还是店主本人，总是给人淡然宁静而又温暖的感觉。与其说这是一家书店，不如说是书者旅途中的驿站。舟车劳累后要歇歇脚，那么心灵呢？忙碌了一天一周一月一年，是否也要稍稍停下，看看外面的世

| 1 | |
|---|---|
| 2 | 3 | 4 |

1. 满墙的书籍与好客的老板是奔赴藏区前最好的向导
2. 丰先生的漫画总是诙谐生动，令人玩味
3. 坚定的信仰与果敢的内心奠定我们美好的生活。每个通向拉萨道路上跪拜的信徒总是让人心生崇敬
4. 桌上简洁古朴的香插

界，听听内心深处的声音。

喝光最后一口藏式酸奶，我也打算离开，天色已有些昏暗，店里的灯也一一点亮，橘色的光晕慢慢温暖着傍晚，正如慢慢绽放着的酥油灯一般，为虔诚的人指引着远方。风吹过，听到树叶沙沙作响，我想，这便是最好的生活。

## 📍 书店资讯

地　　址：东城区北锣鼓巷45号

电　　话：18611641572

人均消费：40元

特色推荐：酥油茶、藏式酸奶、原创明信片

## 蓬蒿剧场
### ——戏剧是自由的

如果你喜欢戏剧、热爱文学，那么一定不会错过蓬蒿剧场。蓬蒿剧场是北京第一个四合院小剧场，在保留了经典胡同文化的同时，对戏剧进行实验与创新，用丰富、新颖的形式表达着特殊的情感与内涵，激发观众的想象，滋养着人们的心灵。

◆ **剧场特色**

- ◆ 中央戏剧学院旁的四合院剧场
- ◆ 先锋戏剧，展现与众不同的思想
- ◆ 一段关于牙医与中国当代戏剧的故事
- ◆ 内设戏剧图书馆与咖啡馆

### 四合院中的剧场

深藏在南锣鼓巷的一条小胡同里，蓬蒿剧场已经走过8年的风风雨雨，如果不是特意去寻，它很容易淹没在喧闹的小吃店和夸张的咖啡馆中。没有巨大的招牌，更没有铺天盖地的宣传，蓬蒿剧场却以务实、低调的姿态承办了多次可媲美欧洲国家级戏剧节的南锣鼓巷戏剧节，低调做人、高调做事的态度让人心生敬意。

剧场外经营着一家咖啡馆，以供观众在此小憩。整个空间由典型的京派建筑改造而成，梁木高高挑起，吊灯散发出柔和的光芒。如果在夏日，顶层的露台开放，院内老槐树枝繁叶茂。坐在树下的木椅上，品着咖啡的醇香，耳边有风吹过，树叶沙沙作响，即便不观看话剧，仅仅来此静坐休息，体验传统四合院下的静谧时光也是极好的。

不看剧的时候，可以来露台小坐，感受四合院里的宁静时光

|   | 2 | 3 |
|---|---|---|
| 1 | 4 | 5 |

1. 顶层有开阔的露台，树荫繁茂，屋瓦绵延
2. 隐匿在深巷之中，挂满墙面的海报为你指引前行的方向
3. 恰逢第七届南锣鼓巷戏剧节，剧场内轮番上演着国内外优秀戏剧

## 自由是最昂贵的礼物

"戏剧是自由的"，这是印在蓬蒿剧场入门墙壁上的一句话，也是其自2008年以来所坚持的原则，更是给每一位热爱戏剧、热爱自由的观众的一份昂贵的礼物。

蓬蒿剧场的创始人王翔先生是一位牙医，关于他有一段心脏搭着6个支架为了纯粹的艺术理想奔波、坚持、奋斗的江湖传说。因南锣鼓巷寸土寸金，蓬蒿剧场的定位又以半公益性质为主，故低价的票房难以弥补高昂的租金及人工成本。八年来，王翔先生一直以牙科诊所的盈利补贴蓬蒿剧场，坚持着心中对艺术的执着。

2008年，蓬蒿剧场作为当代中国第一家民间公益小剧场正式在东棉花胡同挂牌，它于南锣鼓巷中鹤立鸡群，于众多小剧场中亦是一座小岛。每年近300场的演出数据背后却是少有老旧剧目的重复演出，其他剧场在靠着明星剧目打出了影响赢得市场的同时，蓬蒿剧场却坚持着自己的初心。在王翔先生看来，重复的明星戏剧虽然容易实现盈利，但是相比而言，创作新戏的艺术价值却更是难以估量。

如是，蓬蒿剧场不仅是上演先锋戏剧的剧场，更是一座为纯粹的艺术创作、独立思想碰撞的文化殿堂。

4. 一层空间是典型的中式梁木结构，保留着四合院的历史文化气息

5. 临近开演，坐在咖啡馆里等待的观众

## 从善如登，从恶如崩

"与恶龙缠斗日久，自身亦化作恶龙，当你凝视着深渊，深渊将回以凝视。"

在蓬蒿剧场观看的第一出戏剧是一部黑色幽默话剧《恶棍集中营》，欢笑过后回眸历史，饱含深思。曾经如朝阳般充满希望的变革又如何堕入黑暗将世人再次笼罩于阴影之中，大时代下，人是变坏得利，还是坚持从善固守内心、曲高和寡？

一部话剧不仅是90分钟的表演，走出剧场，表演背后所承载的思想在每一位观众的心中反复回放与思量，这才是蓬蒿剧场多年来艰辛付出所追求的结果。

从善如登，从恶如崩。戏剧是自由的，而自由正是最为昂贵的财富。

## 📍 剧场资讯

**地　　址：** 东城区东棉花胡同35号

**电　　话：** 010-64006472

## 碎片小姐生活馆
### ——生活在这里是五彩斑斓的

"咖喱是什么？"

"是印度的一种酱料？"

"不，它是北锣鼓巷最招人喜欢的猫咪！"

在北锣鼓巷，要是有人跟你提到"咖喱"，可不要稀里糊涂地与印度调料画上等号。没错，它是碎片小姐生活馆的那只加菲猫，乖巧、慵懒惹人喜爱，一如小店内琳琅满目的家居小物，给人温柔，令人温暖。

◆ 店铺特色

- ◆ 世界各地海淘而来的家居小物
- ◆ 乖巧、慵懒深受孩童喜爱的加菲猫
- ◆ 店主性格豪爽、有趣

### 偶遇一只加菲猫

北锣鼓巷是一条充满情趣的胡同，创意店铺散落在民居之中，有的张扬，有的低调，却无处不充满惊喜。最初知道碎片小姐生活馆是在一个深秋的傍晚，一个小朋友放学归来，奶声奶气地对奶奶说，要去找碎片小姐看一下"咖喱"。奶奶禁不住小孙女的撒娇，任由她飞奔而去。"咖喱"是什么？"碎片小姐"又是谁？在好奇心的驱使下，不自觉跟紧了小朋友的步伐。

我从来没有看到过一只猫咪被绳子拴着，它倒也十分乐意，慵懒地趴在橱窗内的角落里。橱窗中有一米高的白色木制驯鹿，鹿身是平整的小桌，已经摆满了各式各样有趣的小玩意儿，白色鸟笼烛台、银色的莲花香托、迷你版的陶瓷小鹿，而这只叫作"咖喱"的猫咪正懒懒地趴在驯鹿脚边。特意赶来的小朋友蹲下来呼唤着它的名字，它也没什么反应，自顾自地眯着眼睛，一副很难讨好的表情。作为碎片小姐生活馆的"二掌

"小身材，大味道"绝对是初到这里的印象，看似不起眼的小店里有着来自世界各地有趣的小玩意儿

柜"，自然是要有些架子的，怎可随意卖萌呢!

　　大掌柜自然是前台后的碎片小姐，清爽的短发、豪爽的性格。她并不主动寒暄，也不过分热情，客人可在店内随意挑选，如果有疑问，她也乐于解答，我们于不自觉间便打开话匣子，聊得不亦乐乎。

　　一位有趣的店主、一只可爱的猫咪、一家充满趣味的店铺，自然是一段奇妙的际遇。

## 五彩斑斓小时光

　　店内摆满了碎片小姐从世界各地淘回来的小物件。猫头鹰摆件最是可爱，由店主亲自从泰国背回，萌萌的造型，古朴精致，自是带着与众不同的格调。鹿角烛台一看便是来自北欧，细腻的白瓷、完美的弧度、尖尖的鹿角，搭配上白色的蜡烛，有种清新的浪漫之感。日本舶来的搪瓷器皿给人居家的温暖，想象着其中摆满饭团、一家人亲昵自然地享受着晚餐，只觉得时光也带着温度。还有那可爱的水培花器，里面藏着一只小松鼠，如果水位过低，小松鼠便会躲起来看不见，水位加到合适的高度，小松鼠才会悄悄露出脑袋，十分有趣。

1 | 2　　1. 店内摆满了碎片小姐从世界各地淘回来的小物件。不知道这只白色小鸟托盘是来自世界
　　　　　哪个角落
　　　　2. 货架一角，一只呆萌的驯鹿

　　　最近一次光顾这家店，店内的小物件少了很多，原因是碎片小姐近期没有出游计划，于是店内的海淘品来不及补充，但是一整面墙的色彩艳丽的羊绒围巾却十分显眼，出自克什米尔的手工围巾，带着天然的色泽与温度，摸起来又柔软又顺滑。置物架上还有手工缝制的皮包，出自碎片小姐朋友的工作坊，与机械化大生产不同，这里的皮包不论是款式还是染色，每一款都不尽相同，彰显着小众商品的独特魅力。店内也有不多的服饰，因为皆为打版制作，每一件皆是孤品，自然是少了撞衫的尴尬，只是独一无二的服饰需要看缘分，合不合适只能亲自试一试了。

　　　在碎片小姐生活馆，总是会让人忘记时间，一件件精美、有趣的物品背后都有一段小故事。如果遇到喜欢的小物件却拿不定主意放在哪里，碎片小姐也会主动给予建议。即便没有购买商品，碎片小姐也不会吝惜时间，总是会不知不觉地给你讲一讲小店里发生的有趣小故事，例如她如何骑着自行车飞驰在胡同中追一位遗落了信用卡的大叔，还有"咖喱"吃了猫草后如何吐出一堆毛球。在这里，有时会让人恍惚，就像是去一位老友家里做客，听她聊一聊最近又发生了什么有意思的小故事。

## 📍 店铺资讯

地　　址：东城区北锣鼓巷68号
联系方式：微博（碎片小姐生活馆）
特色推荐：各式各地居家小物品

莎士比亚说，一千个读者眼里就有一千个哈姆雷特。对于一家纸文杂货铺来说，这里的每一件小物品之于不同的客人，也会产生心理上不同的"化学反应"。一份纪念，一个回忆，某种情感，在此时此地。

# 此时此地
## 何情何感

◆ 店铺特色

◆ 十分隐匿、没有招牌
◆ 有畅销书籍、立体明信片、手账本、手工旅行日志
◆ 有店铺创意印章，可盖章留念

## 明信片的海洋

南锣鼓巷旁有条东西向的小巷，叫作黑芝麻胡同。每当华灯初上，与南锣鼓巷主街的熙熙攘攘热闹非凡相比，这里要清净很多，一家低调而小众的纸文杂货铺就隐匿在这里。说它隐匿，除了地理位置并不十分显眼外，一个重要原因是它没有招牌，甚至连名字都要刻意去问才可得知——此时此地。

店铺不大，十来平方米的样子，迎面便是大半个展台的北京风光明信片。颐和园的俏嫩新柳，北海公园的田田荷叶与莲花，香山秋的漫山红叶，紫禁城冬雪的百般寂寥……张张卡片就像万花筒一般，将北京城的斑斓色彩、风情万种全部展现在你眼前。最为别致的是，店家针对北京的特色景点推出了立体手绘明信片，若是有心，跟着明信片上的手绘路线图游上一圈，绝对会让你爱上这座城的精致与磅礴。

如果你是"赫本控"，那你一定会在这里收获颇多，展台上摆满了各式各样的赫本肖像明信片，从《罗马假日》里清新脱俗的小公主到端庄优雅的联合国亲善大使，从戏里到戏外，从青葱少女到慈爱老者，一颦一笑映入心头，由此可见店主对赫本的厚爱。

都说相由心生，这个像阳光一样明媚的女子，定是内心充满了仁爱和慈善才会几十年如一日般明艳动人，想来心里都是暖暖的。

## 旅行纪念册

店主还为游客准备了手工旅行日志和集票本，泛黄的牛皮纸、粗略的纹路，仿佛是正在流逝着的时光，大片的空白等待着你来填充。一张远行的火车票、一叶风干的梧桐叶标本、一段音乐CD的标签、一张笑得灿烂的拍立得照片，一小段某时某刻的心情随笔，是独自旅行时的勇敢与洒脱，是热恋时两个人的相依相伴……只要你愿意，大可把旅行中所有的喜悦、欢乐、忧伤、惆怅装进这小小笔记中。

这里有趣的小东西多得很，小猫咪的卡片、京剧元素的书签、民国日课图本、丰子恺插画集、禅语心经的笔记本、陈崎贞的随笔、南笙的游记……只要你愿意打开被朝九晚五麻痹的心扉，轻松自在地做最真实的自己，就总会在这里寻得些许温暖与感动，也许是童年时期的幻想，也许是初恋酸涩而甜蜜的回忆，也许是一段奇妙有趣的旅行，又也许是对新一天的期许。

## 有趣的店主

店主也颇有意思，即便小店挤满了客人，仍坐在桌前潜心看着闲书，偶有客人前来

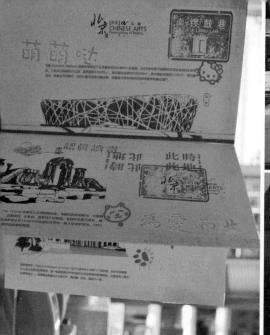

3. 进门的书架上摆放着畅销书籍,十足的治愈系
4. 独具创意的笔记本,只为记录你独一无二的情怀

咨询才抬起头来耐心解答,随后便又沉浸在书本之间,好似并不在乎小店盈亏一般。其实细细想来,这店里的小物并非生活必需品,买与不买全凭兴致,若是觉得有意思,必定喜而购之;若是毫无欣赏之意,即便苦口婆心去诱导,也难达成交易,最后反而悻悻而归。如是说,与其追逐物的买卖,倒不如潜心灵魂的沟通与交流,而这些小物恰是店主情趣的载体,每一件都是精挑细选,看店里紧凑的客人便知,喜爱者大有人在,这便也不辜负店主的一番心意了。若你不那么匆匆,不妨在挑选心爱小物之余与店主闲聊几句,说不定这共同的喜好会有种偶遇知己的感觉。带走几分欣喜、几分满足才不枉此行。

此时此地,何情何感。此时此刻的心情,此情此景的意境,唯有你自己明白,如是大概明白了店主的用心,难怪素白的名片上只在左下角印着店名四个字,除却右下角的地址便全是留白,这大片的留白只为填充你此时此地独一无二的情怀。

📍 店铺资讯 ──────────

地　　址:东城区南锣鼓巷黑芝麻胡同
特色推荐:明信片、畅销书籍、旅行手账本

# 京扇子
## ——风雅之人用风雅物

南锣鼓巷北入口处的第一家店铺名曰『京扇子』，店外绿竹环绕，店内檀香袅袅，与街道上喧嚣的人流对比鲜明，有种穿越古今的感觉。店内各式折扇一字排开，扇面中有各色山水、人物、风情，扇骨颜色金黄、光滑如玉，扇坠摇曳，十分精致。在店中赏玩，颇有种古时文人雅客才有的高雅兴致。

◆ 店铺特色

◆ 南锣鼓巷的文雅店铺
◆ 琳琅满目的折扇，总有一款适合你
◆ 一张一合间，体会最具京味儿的扇文化
◆ 有精致的扇坠和雅致的书签

## 京城有家扇子铺

读《红楼梦》时，对宝钗扑蝶的情节印象深刻，书中这样描述道："刚要寻别的姊妹去，忽见前面一双玉色蝴蝶，大如团扇，一上一下迎风翩跹，十分有趣。宝钗意欲扑了来玩耍，遂向袖中取出扇子来，向草地下来扑。"那时年纪尚小，对扇子也不甚了解，只在脑海中浮现出天真活泼的美丽少女手执绢丝纨扇扑蝶的画面，觉得美好而有趣。后来慢慢了解到，曹先生所属年代少女服饰中的袖子藏不下无法折叠的团扇，故而明白，宝钗袖中取出扑蝶的并不是文学作品中常见的"美人遮面"的团扇，而是书生才子们中常用的"怀袖雅物"折扇。

位于南锣鼓巷的京扇子是一家主打折扇的工艺品店铺，在喧嚣热闹的街道中独树一帜。店门外环绕着几棵翠竹，碧绿的颜色令人心旷神怡，原木色的招牌上写有黑色大字——"京扇子"，给人精致、风雅之感。

步入店中，各色扇子整齐地陈列着。扇骨有颜色金黄的竹木，也有墨色的乌木，一

夜晚的京扇子

$\dfrac{1}{2}$　1. 色彩清新的折扇
　2. 风格淡雅的折扇

明一暗之间彰显着别样情调。扇面更是让人赞叹，深浅的墨色晕染出的烟雨朦胧中的山水物态，鲜艳的水粉勾勒出明艳的牡丹，空白的扇面上描绘出栩栩如生的仕女图，更有狂傲的草书、娟秀的楷书、行云流水的行书。画作与书法相得益彰，扇骨与扇面浑然一体，展现着中华传统文化的风韵。

橱窗里一本关于古扇制作的古书，记述着扇子的历史与古人的风趣雅致

## 一张一合间的扇文化

在中国传统文化中，扇子最初为遮阳纳凉的日用品，后逐渐演变成文人骚客舞文弄墨的道具，风雅的象征。

三国时期诸葛亮摇着鹅毛扇，运筹帷幄于千里，扇子是智慧的象征；百花亭中贵妃醉步扇舞，扇子承载着宫廷女子的企望与哀愁；秦淮河边，李香君血溅桃花扇，扇子谱写着忠贞的爱情与爱国之情。

时代变迁之中，扇子早已远离人们的日常生活。电风扇、空调的运用使得扇子逐渐失去了实用功能；电子邮件、短信、电话的兴起使得扇子再难成为承载情感的载体。京扇子却偏要"逆流而上"，在快节奏的现代化生活中坚持着匠人之心，传承着精致雅趣的扇文化，提醒着人们放慢步伐，关注心灵，回归本真。

有诗道："宫纱蜂趁梅，宝扇鸾开翅。数摺聚清风，一捻生秋意。摇摇云母轻，袅袅琼枝细。莫解玉连环，怕作飞花坠。"店内琳琅满目的折扇，轻轻取下一只，一张一合之间有清风徐徐，内心仿若也平静了许多。即使不愿随身携带使用，也可打开扇架立于书桌或悬于墙上，精致的扇面与润滑的扇骨交相辉映，绝对会令人眼前一亮，增添家居生活的雅致。

## 📍 店铺资讯

地　　址：东城区南锣鼓巷75号

电　　话：010-64008520

**特色推荐：**样式繁多的折扇、精致的扇坠、雅致的书签

# Ice Story 梦想家
## ——吃掉乌云便是晴天

如果你有一颗少女心，或者依稀做着童年的梦，那么路过南锣鼓巷自然不会错过一家清新甜蜜的冰激凌店——Ice Story梦想家，超大的手绘墙、新颖可爱的乌云冰激凌、神奇甜蜜的味道，分分钟俘获你的心。

◆ 饮品店特色

◆ 火遍韩国的创意美味
◆ 晴空下的乌云冰激凌
◆ 店外的超大手绘墙

### 有创意更味美

Ice Story梦想家冰激凌位于南锣鼓巷主街旁的一个小院内。很多路过的游人都会被店外那面天蓝色的手绘墙所吸引。

十余米长的墙面还不足以赚够眼球，最为有趣的是这面墙上总在变化中的大幅手绘图。记得《神偷奶爸》兴起时，墙面上绘着三只栩栩如生的贱萌可爱的小黄人；而去年《超能陆战队》中的大白也现身墙上，绝对的高还原度，依旧一副可爱暖人的形象。总之，每一期的手绘定是位受人喜爱的卡通大明星，想想便充满了期待。

这面惹人爱的手绘墙不知不觉已成为南锣鼓巷中人气最高的拍照背景墙，年轻的游客忍不住在此停留，摆着夸张可爱的姿势，拍着创意新颖的照片，而手中的道具更是少不了梦想家的乌云冰激凌，自然而然小店的生意也是人气爆棚。

蓝白相间的店铺，有如飘在空中，将甜蜜的乌云撒向人间

### 舌尖上的冰雪奇缘

　　店铺面积不大，内部装饰也以蓝、白两色为主，服务员衣着靓丽，热情活泼，颇有种韩剧中的冰激凌小店的感觉。

　　店中招牌美食是风靡韩国的乌云冰激凌，满满一杯冰激凌上浮着一大朵形似乌云的棉花糖，乌云上点缀着巧克力做的一道耀眼"闪电"，如此可爱的造型总是让人不忍下口。乌云棉花糖呈现微灰的色彩是因为添加了薄荷等调料，棉花糖的甜蜜搭配薄荷的清凉，绝对唤醒了沉睡的味蕾。乌云冰激凌中还藏着小心机，那就是跳跳糖，躲在乌云下面，入口噼里啪啦，仿若雷雨呼啸在耳边，疯狂让人着迷。入口即化的棉花糖、惊喜的跳跳糖及香醇的冰激凌，难怪有客人留言说："一口一口吃掉乌云，仿若天空也放晴了，一整天的好心情！"

　　店内不仅有经典的乌云冰激凌，还别出心裁地推出了各种颜色的"云朵"，原味的白云、草莓味的粉色云以及柠檬味的蓝云。除了单点一种味道，也可以选择三色云冰激凌，复合的味道与口感别有一番风味。据说小店晚上还会供应发光的爱情海夜光杯冰激凌，如此创意绝对会成为你夜游锣鼓巷的最佳道具！

招牌乌云冰激凌，薄荷口味的棉花糖下藏着
如雷电般让味蕾颤动不已的跳跳糖

人气超高萌物——大白。墙上总会画有大家心仪的元素，在大白之前，贱萌的小黄人也曾窥探过客人的冰激凌

## 📍 饮品店资讯

**地　　址：**东城区鼓楼东大街南锣鼓巷15号院

**电　　话：**18610019822

**人均消费：**30元

**特色推荐：**乌云冰激凌、爱情海夜光杯冰激凌

# 文宇奶酪
## ——南锣鼓巷的招牌美食

要说京城名声最大的奶酪店，可非文宇奶酪莫属了，排到店外长龙般的队伍绝对是南锣一景。几十年如一的味道对于老北京常客来说，品尝的不仅是美食的口感，更是一种情怀与记忆。

◆ 饮品店特色

◆ 宫廷奶酪，是老北京的味道
◆ 经久不衰的南锣招牌美食

### 老北京最甜的味道

文宇奶酪创始人名叫田聚和，因从邻居那里学会了宫廷奶酪的做法，故在帽儿胡同开了家专做奶酪的店铺，起名聚和兴。2003年，聚和兴再度开张，换了新的店名——文宇奶酪。在味道上，文宇奶酪做到了多年如一。

现如今提起奶酪，总是会想起时下流行的西式乳酪蛋糕，奶香越是醇厚越是惹人喜爱。而文宇奶酪店主打的中式宫廷奶酪起源于北方游牧民族，元清时期入主京城，是皇室贵族才可享用的美味甜品，由鲜牛奶、白糖、糯米酒烤制而成，不似西式奶酪的厚重，特有清凉爽口之感，故有清代食客留下诗作："闲向街头啖一瓯，琼浆满饮润枯喉。觉来下咽如滑脂，寒沁心脾爽似秋。"

### 南锣招牌美食

每当有友人来北京游玩，我都会带着他们去南锣鼓巷溜达一圈。一季又一季，一年又一年，南锣鼓巷及周边小巷上，店铺换了一拨又一拨，让人眼花缭乱，而文宇奶酪是

夜晚的文字奶酪店

水果双拼酸奶

水果双拼酸奶

19元

文宇奶酪

本店食品没有任何添加剂请酌量购买

文宇奶酪前总是会有长长的队伍，美味且要慢慢等待

1│2　　1. 备受好评的红豆奶酪，蜜红豆颗颗饱满，香甜不腻
　　　2. 一碗简单的双皮奶铸就了南锣鼓巷经久不衰的传奇

少有的几家开张多年依旧人流不断的店铺之一。逛南锣，来碗文宇，似乎成了"南锣一日游"不变的定式。

　　店内除了招牌的原味奶酪外，红豆双皮奶也是必点吃食，浓郁的奶香味，细腻柔滑的口感，加上浮在上面的蜜红豆，香甜的口感让人享受其中。

　　若是夏日，来碗杏仁豆腐是最好不过的，淡淡的杏仁味，入口Q弹爽滑，甜凉清口，绝对是消暑解热之佳品。作为辅料的糖桂花真是"锦上添花"，小小的、浅黄色的桂花瓣散落在洁白的杏仁豆腐上，不仅点缀了颜色，也让味道多了层次感，可谓是味甜色美了。

　　"门庭若市"用来形容文宇奶酪生意火爆再合适不过了，每位排队的食客脸上看不到丝毫的烦躁，满满是对美食的期待。

## 📍 饮品店资讯

**地　　址：** 东城区南锣鼓巷49号
**人均消费：** 15元
**特色推荐：** 红豆双皮奶、奶卷、杏仁豆腐

**芝士蜜**
——会不会尝到幸福的味道

还记得第一次路过芝士蜜，是五月份的第一天，那时的阳光与微风早已没有了晚春的薄凉，温暖得刚刚好。逃离南锣鼓巷主街汹涌的人群，朝着东棉花胡同的深处走去，远远便看到一处繁花似锦，所谓柳暗花明又一村。

◆ 餐厅特色

◆ 芝士原料均为瑞士原装进口
◆ 十余种口味芝士蛋糕任选，还有小故事可听
◆ 瑞士风情，阿尔卑斯山的芝士火锅

### 这里有多样的芝士蛋糕

五彩缤纷的花朵娇艳地开满了窗外，而红色的木窗上镂空的十字更为显眼，这是芝士蜜，一家以芝士为主要食材的餐厅，因其选用的芝士均来自瑞士原装进口，故店里店外总是可以看到瑞士的十字元素。

这里不仅是一家餐厅，也是一家甜品店。原木的吧台装饰成了开放式厨房的模样，大红与大绿的色调，雪花、松木与驯鹿相间的圣诞元素饰品，让房间充满了北欧风情。进门左手边的桌上摆放着一个猫头鹰饰品，眼睛滴溜溜的，可爱极了，后面是粗麻绳的软梯，周围摆放着鲜花，若不是早知道这是在北京，还以为偶入了阿尔卑斯山下的小花园。

橱窗里摆满了各式各样的芝士蛋糕，丰富的种类绝对可以满足挑剔的食客，榴莲芝士、蓝莓芝士、肉桂苹果、焦糖核桃、法式向日葵，这罗列出来的只是冰山一角。最忘

挂满瑞士国旗的欧式厨房，让人有一种在雪山下的家庭旅馆围着壁炉烤火的幻想

不了的还是紫薯酸奶油芝士蛋糕，看到老板亲手写的推荐语任谁都会忍俊不禁了。"紫薯对红豆小姐说，你和抹茶离婚吧，我娶你。红豆小姐说，给我做一件雪白的酸奶油婚纱，我马上嫁给你。在奶油乳酪的主持下，甜蜜的红豆小姐披着雪白的定制婚纱与健壮而温柔的紫薯先生幸福地走在了一起，开始了健康而美好的生活。"所以你看，在这里不仅可以尝到好吃的芝士蛋糕，还能听到以蛋糕为主角创作的童话小故事，浪漫离奇，又让人印象深刻，最完美的还是结局，童话故事里，王子和公主永远都会幸福美满地生活在一起。

## 这里有地道的芝士火锅

这家餐厅的主打菜品便是芝士火锅，一如说起瑞士料理便会想到它一样，它不仅是瑞士的传统美食，更是瑞士文化的一种象征。大雪纷飞的阿尔卑斯山下，一家人其乐融融地围坐在桌边，看锅内奶酪咕嘟翻滚，早已等不及的小孩子赶紧夹起一块面包伸入锅中，裹上浓厚的奶酪，松软的面包融合着芝士的咸香，简直幸福得不像话。小伙倒上一杯白兰地，热情的姑娘也来上一杯冰镇白葡萄酒，此刻即便窗外白茫茫一片素净，想必内心也早已春花烂漫。

想要体会最传统的瑞士风情，芝士就绝对需要原装进口，来不得半点马虎。瑞士的芝士之所以备受好评，源自其严苛的法令规定。据说在瑞士，每个地区只能生产本地区的奶酪，避免了工业化的大生产模式，味道自然是最地道、最传统的。还有一个小故事，说瑞士的农民在割草时会特意留心不要弄坏了草里的小野花，他们认为奶牛吃了带

登山的绳梯也被搬到了餐厅里，屋内的每
一个细节都给客人最真实的感受

1│2　1. 店内有近十种口味的芝士蛋糕，若是过生日也可定制一款汇聚八种口味的生日蛋糕，据
　　　　说吃过所有味道可以召唤神龙
　　　2. 进口的原料，始终如一的味道，芝士蜜的蛋糕绝对是全北京性价比最高的

花的草，牛奶的味道更鲜美。

有了瑞士原装进口的奶酪做保障，这里的火锅味道自然不会差。特别推荐尝试一下最正宗的瑞士传统芝士火锅，浓烈的酒味加上芝士淡淡的奶酪味，只怕会让重口味的芝士发烧友按捺不住了。若是对芝士有些小疑惑或者对酒精不那么感兴趣，店主还贴心地提供了改良版调味芝士火锅，用牛奶代替了白葡萄酒，奶味更加醇厚。

"没有诀窍，没有秘方，有的只是为大家做好吃的的简单想法。"别看老板的话语如此质朴直白，但店里不论是芝士火锅还是甜品都令人惊艳。有道是酒香不怕巷子深，也难怪偏离南锣鼓巷主街却可日日生意兴隆、人流不断。如果哪天你从此经过，点上一角芝士蛋糕，一勺一勺慢慢品尝，窗外繁花绽放，阳光又正好，会不会尝到幸福的味道？

📍 餐厅资讯 ───────────────────

地　　址：东城区南锣鼓巷东棉花胡同30号
电　　话：010-84031766
人均消费：50元
特色推荐：芝士火锅、各种味道的芝士蛋糕

# 老奶奶创意厨房
## ——记忆中的美味佳肴

每个人心中都有儿时最熟悉、最温暖的味道，其中有一些便来自爷爷奶奶那一代长辈拿手的美食，或是一碗扁豆焖面，或是冬日里一盆白菜炖肉，抑或是再简单不过的一盘番茄炒蛋。这一切都烙印在我们的味蕾上与记忆中，只要一想起来便觉得美好无比。在老奶奶创意厨房，品尝美味的同时也会收获满满的感动与回忆。

◆ 餐厅特色

◆ 平凡的食物里有温馨的味道
◆ 健康的食材，从万水千山寻来
◆ 大厅里的手绘巨幅背景墙
◆ 老奶奶告诉你什么是幸福

最平常的感动

话说很久以前，在四季如春的云南，有一位老奶奶穷尽一生都在烹制美味的鸭腿饭，直到有一天这种味道感动了一位来旅行的小伙。后来小伙在北京开了一家餐馆，请老奶奶来京掌勺，便有了现在这家"老奶奶创意厨房"。听说现在老奶奶已经功成身退回到了云南，但是店内菜品的味道依旧，手艺永远留在了这里。

店里随处可见笑容可掬且身手不凡的老奶奶的卡通形象。据服务员介绍，店内菜单上的图片文字均为老板自己手绘创作而成。翻开菜单，每一页都描绘着老奶奶慈祥的面容及每道菜所用的食材，虽没有打灯光、色泽亮丽的实景菜品，但正因如此设计才使得每道菜更显平易近人、创意十足。

既然老奶奶的传说始自鸭腿饭，来到店中自然少不了这道经典菜肴。其实它的味道并不复杂，也无空前绝后的惊艳，但就感觉两个字——"舒服"，肉质软烂入味、肥而不腻。能形容它的词并不多，正因为家常、用心，才是奶奶的味道，以至虽不是饭点，

墙上精美的手绘值得细细品味，玄幻猎奇的山间是正向蘑菇村进发的老奶奶

却已被我狼吞虎咽了下去。就像是孩童时放学回家吃到奶奶做的饭菜一样，都是平常菜肴，却怀念至今。

一碗"蘑菇七贤"最能体现店家倡导的精选原生态健康食材的理念，形态各异、口感不同的菌菇聚在一起，散发着独特鲜美的味道。店内还备有自酿的糯米酒，也是常客必点。桂花、玫瑰等各色味道，使得本已香甜醇厚的米酒更具滋味，建议冬日里让服务员帮忙温上一壶，一饮而尽，会有种通遍全身的温暖惬意。

## 九九八十一难，换来一碗鸭腿饭

大厅里迎面是手绘巨幅背景墙，崇山峻岭中云雾缭绕，天空火红了一片，细看其中，似有《山海经》中的神兽，而其背上端坐的便是老奶奶和小孙子的形象。这幅背景画也是老板手绘而成。作为艺术家的老板正在以老奶奶为题材创作一套系列动画，讲的是类似于西游取经的故事，只不过主角不再是唐僧师徒，而是老奶奶与她可爱的小孙子，而历经九九八十一难、跨过千山万水求得的也不再是真经，而是一样样珍贵、绿色、原生态的食材，以烹出一碗营养味美、感动世人的美味佳肴。

店内有老奶奶语录，每一句话都总是很感动。

1 | 2

1. 酒香混着玫瑰的香甜
2. 会功夫的老奶奶喊你回家吃饭，威武不能屈的我为了一碗美味的鸭腿饭回来了

奶奶说："每一粒米都是金灿灿的庄稼，让我们共同善待、珍惜这片稀有的福田。"

奶奶说："只有大家喜欢喝这道秘制的茶和厚重的汤，才有了灵魂的感动。"

奶奶说："城里需要山里的气息和乡土乡亲的原味。"

……

奶奶说："吃饭了！吃的不仅是一份牵挂，更是一种熟悉的味道。"而我想说，在这里，吃的不仅是一种熟悉的味道，更是一份牵挂。

## 📍 餐厅资讯

地　　址：东城区方砖厂胡同63号

电　　话：15652777731

人均消费：60元

特色推荐：鸭腿饭、蘑菇七贤、糯米酒

# 小西堂

## ——唯猫咪与美食不可负

还是小女生的时候，总会在脑中编制一些温馨幸福的场景，例如慵懒地缩在柔软的沙发里看一本闲书，窗外阳光明媚，偶有清风徐徐，飞扬起了白色的纱帘，芝士的醇香在房间内飘荡……如此场景倒也不算难得，可无忧无虑的心境却可遇不可求。直到这次意外地闯入，就像梦中无数次出现过的场景一般。

猫咪与甜点，阳光与书，音乐与好心情，小西堂绝对满足了想象中所有的细节，只等你暂时逃离现实，出演这部小清新偶像剧的主角，与猫咪邂逅一场没有剧本的奇妙之旅。

◆ 餐厅特色

◆ 猫咪主题餐厅
◆ 时令果蔬汁
◆ 好吃的榴梿芝士蛋糕
◆ 可看中戏帅哥美女

## 十二金喵

从南锣鼓巷拐进东棉花胡同，小西堂的猫咪招牌在摇曳的树影中很是显眼。木制的外墙上挂着一排小猫咪的卡通肖像，从黑妞、茸茸到Rainbow，极具代表性的头像已经为你做了最直白的介绍。

推门而入，正好遇到大庄在专心吃着猫粮，大庄是一只异国短尾猫，俗称加菲猫，看到它的那一刻，就像偶然闯入那部经典电影的场景一般，因为它简直跟《加菲猫》里的主角一模一样。Rainbow同样也是一只加菲猫，但与大庄却十分不同，它是店里年纪最小的一只猫咪，大家都说它是店里的小公主，它安静温和，最喜欢缩在吧台的键盘旁睡美容觉。店里的服务生说，这里一共生活了12只猫咪，除了像大庄和Rainbow这样的加菲猫外，还有Simon这个像小灰熊一样的苏格兰折耳猫，也有熊熊这种活泼奔放的美国短毛猫，虽然每一只猫咪都容貌不同、性格迥异，但个个都招人喜爱。

1. 名字很有意思的饮品——格格巫的夏天　　2. "吃饭请用力，撸猫请柔情。"
3. "邻桌的美女也无法慰藉我生无可恋的喵生。"
4. "快见底儿了，你快让我也尝一尝。"

## 有猫咪陪伴的香甜

　　小西堂虽然不大，但却为客人提供了丰富多样的主食、甜品及饮品。这里的榴梿芝士是招牌，店主精选泰国金枕榴梿，搭配细滑的芝士，味道厚重却口感绵滑，绝对会给你的味蕾一种惊艳之感。如果你喜欢榴梿，大可挑战一下榴梿比萨和榴梿大法，榴梿的香甜在这里被演绎得淋漓尽致，绝对会让你难以忘怀。

　　最美阳春三月天，小店也应景推出一些时令饮品，如这种叫作"黄狐狸"的果汁。"绿的、红的、黄的，丰富的维生素显而易见，新鲜的味道在杯口慢慢扩散开来，清润的感觉随着抿上一口的果汁，渗透整个身心，嗯，顿时觉得，整个春天都藏在了这魔力一般的轻饮里。"看，店主对这款果汁的介绍都如同花语一般，不妨趁着春天的尾巴，也尝一尝这转瞬即逝的时令轻饮吧。

　　小西堂总是给人一种奇妙的感觉，是轻松自在，是甜蜜温情，轻尝一口精致的甜品，翻一页闲情逸致的文章，与小猫咪愉快地嬉戏。在这里，你尽可能忘却世俗中的纷纷扰扰，在氤氲的斜阳下，在跳跃的光影中，仿佛回到了16岁的年纪，唯猫咪与美食不可负。

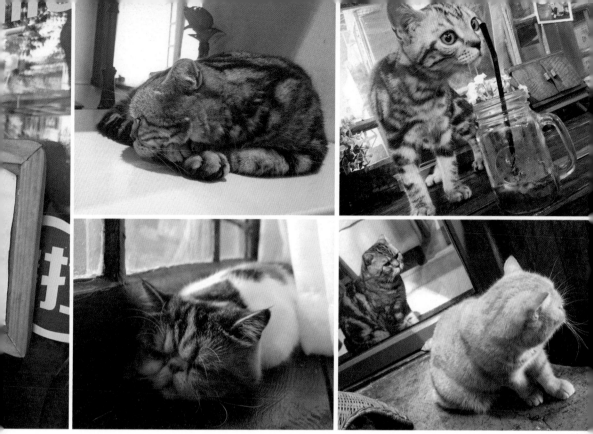

5. "别打扰我，睡觉呢，没看我特意躲在窗帘后，就是怕我太可爱总被人调戏。"
6. "这胖子就知道出去卖萌，就不知道做一个安安静静的美男子吗？"

## 📍 餐厅资讯

**地　　址：** 东城区东棉花胡同38号

**电　　话：** 010-84010568

**人均消费：** 60元

**特色推荐：** 黄狐狸、榴梿芝士、格格巫的夏天

# 帕尼诺餐吧

## ——来自意大利的美好味道

帕尼诺（Panino），在意大利语里是「小面包、面包巷」的意思，也有人说它是意大利的三明治。不同于美式三明治的冰冷，焦香扑鼻的帕尼诺带着地中海的热情。位于福祥胡同的帕尼诺餐吧单从名字就可看出店铺的特色，数十种不同味道的帕尼诺，带你领略舌尖上的意大利风情。

◆ 餐厅特色

◆ 各种味道的帕尼诺
◆ 装修极具异域风情
◆ 露台上的小惬意

### 胡同里的斑斓色彩

从福祥胡同穿到南锣鼓巷，总是会被一座绿植环绕、繁花似锦的二层店铺所吸引。灰色的砖瓦，墨绿色的遮阳伞，黑色的小木板上密密麻麻写着五颜六色的美食名字。最耀眼的还是"PANINO"的白色招牌，提醒着来往客人，这里不仅仅是一家有情调的饮品店，更是一家有味道的意大利美食餐吧。

推开透明的玻璃门，店内色彩斑斓，极有异域风情。小提琴和老式留声机并排摆在矮柜上；翻毛皮的书包随意挂在墙上，与突出的仿真驯鹿交相辉映；深棕色的木制桌椅上铺着色彩艳丽的椅垫和桌旗；华丽的吊灯散发出幽暗的光芒，更显得大红色的墙纸充满了热情。碰撞着的色彩，古今中外混搭的杂物，这个二层小餐吧给人说不清的特殊情怀。

### 它从海上来

店内主打的帕尼诺，是意大利最为寻常的美食。精心发酵的爵巴塔面包经过烤箱的

旅行总会有意外收获，无论是对心灵还是生活。一次亚平宁之行让一对夫妻带回了意大利传统美食帕尼诺

烘焙，留下一条一条的焦印，外皮焦脆却口感柔软，因面粉中含有麦麸，故麦香十足。搭配上马苏里拉奶酪、比萨草、金枪鱼、土豆泥、玉米粒、欧芹、鸡肉、青酱、烧烤酱等辅料，不同味道创意十足的帕尼诺就新鲜出炉了。温热的质感突出了食材的香甜，新鲜的蔬菜丰富了口感，难怪连意大利男高音帕瓦罗蒂都深爱着它。

　　漂洋过海而来的帕尼诺在京城并不常见，这家小巧的店铺饱含着店主对美食的热爱。店主为一对年轻夫妻，早些年去威尼斯旅行时偶然品尝到帕尼诺，便深陷其中难以自拔，回到北京后便想将这种意大利最为寻常的美食分享给大家，于是就开了这家专门

晚春的清晨，阳光和煦，清风柔柔，点上一份帕尼诺，坐在露台的木椅上，不必担心阳光扎眼

店内招牌美食帕尼诺（也叫帕尼尼），一种深受意大利国民喜爱的传统三明治

的帕尼诺餐吧。

店内的面包皆为店主亲自烘焙，为保证原始的口感，选用的食材也均为进口产品，生菜、番茄等辅料皆为新鲜采购。店内混搭出18种味道的帕尼诺，都灵帕尼诺、安科纳帕尼诺、奥斯塔帕尼诺……各种味道的帕尼诺用意大利各个地点来命名，充满了创意。

店内不仅有帕尼诺，还有各式小食。黄金蝴蝶虾酥脆可口，薯条外脆里糯，蜂蜜柚子茶酸甜爽口，百香果冰沙清凉沁人。

店铺面积不大，却布置温馨，二层的露台更是舒适十足。晚春的清晨，阳光和煦，清风柔柔，点上一份帕尼诺，坐在露台的木椅上，不必担心阳光耀眼。再来上一杯玫瑰奶茶，只觉得胡同里的晨光温暖着一天的美好心情。

📍 餐厅资讯

地　　址：东城区南锣鼓巷福祥胡同3号
电　　话：010-84039981
人均消费：50元
特色推荐：各种味道的帕尼诺

# 鼓楼与什刹海
## 怦然心动的美好

与雄伟肃穆的紫禁城不同，同样位于龙脉中轴线上的钟鼓楼曾经承担着"晨钟暮鼓"的报时功能，自古至今都呈现着市井民俗的繁华风貌。

由鼓楼向南穿过商铺林立的烟袋斜街，便是因酒吧而盛名在外的后海。每当夜色降临，水面上泛着颜色缤纷的波光，繁华、灯红酒绿、纸醉金迷，但白日里却是另一番风情。冬日的冰面上，滑着小冰车欢声笑语的孩童；夏日黄昏时垂柳拂岸，误入藕花深处的游船。置身其中，已分不清哪个才是后海最真实的模样。

清晨时分，路过烟袋斜街，可先去可可芭蕾挑选一块手工巧克力，映着后海的波光品尝甜蜜；溜达到鼓楼大街，去台式小清新十足的1696km喝杯珍珠奶茶，或者在樱桃咖啡馆里体会一下文艺复兴时期的欧式复古情怀；慵懒的午后，在雁翅楼中国书店淘上一本手绘地图；傍晚的时候一定要好好犒劳一下自己，无论是西巷年代小馆儿的童年味道还是café sambal热带风情，好味道随心情；晚间回到杏园四合院客栈，杏花树下宛若飞雪，在美好的春夜安安静静做一场纯真的梦。

## 杏园四合院客栈

—— 那年杏花微雨，
我在杏园等你

三月天，漫步在草厂北巷胡同中，如果你远远看到一棵高大的杏树，杏花随风翻飞，那么你准是到了杏园四合院客栈。青砖黛瓦依旧，朱门上树影斑驳，仿若门内是另一个年代的时光，这家小小的客栈，美好得让人难以忘怀。

◆ 客栈特色

◆ 百年杏花树下的芬芳小院
◆ 极度好客的金毛一郎
◆ 融汇多元文化

### 那年杏花微雨

"那年杏花微雨……"《甄嬛传》里的一句台词，不知勾起几多年少时光的恋恋往事，一如所有的初见都是美妙绝伦，所有的初恋都是甜蜜的忧伤。

如果有一个客栈，可以让你想到年少的恋爱时光，我想大概只有杏园才可以。三月天，杏花飘雪，杏园四合院客栈的名字便取自院中这棵繁茂的百年杏花树。若是恰逢暮春时节，清淡的芬芳在院子里若隐若现，此刻什么都不用做，只管倚靠在杏花树旁，便觉时光清浅，岁月静好。不知你是否会想起，若干年前的暮春时光，你喜欢的那个姑娘，她一低头的温柔似杏花芬芳；或是那位白衣翩翩的少年，他的微笑如春日暖阳。

1 | 2　　1. 久居客栈的它，有一颗游走四方的心
　　　　2. 院落中的杏树，可惜错过了一片花海的最美时光

## 小轩窗，正梳妆

　　小院共有五间客房，每一间的主题都不同，都是主人精心设计，各具特色。有一间名曰"花间"，雕花的架子床，让人仿若穿越到了古代一般，"小轩窗，正梳妆"，微黄的宫廷落地灯下，最适合读一本清宫小说，不知是谁家小姐恋上了谁家公子。

　　地中海风格的阁楼房"海市"是文艺小清新的最爱，蓝白的色调很是清凉，贝壳、海螺、游泳圈和缆绳，踏着木梯走上架子床，楼下的小客厅就如蓝色港湾一般，夏日晚间凉风袭来，说不定还带着海水的湿咸。

1｜2｜3　1. "田家"是一间西北风格的主题房，这里没有床只有炕
　　　　2. 几只威风的小布老虎欲与漂亮的手绘床柜争艳
　　　　3. 地中海风格的阁楼房"海市"是小清新的最爱，蓝白的色调很是清凉

　　"田家"是一间西北风格的主题房，这里没有床只有炕。绿色的柜子上，大红色的虎头鞋和虎头枕就如小时候收到的礼物一般。墙面的背景画也是老板专门从陕西带回来的，只为体现最质朴、原始的风情。

## 肖先生的客栈梦

　　老板肖先生颇有些浪漫主义，他告诉我说："我们的房间里都没有安装电视，因为想要给客人更多交流的机会。"所以，这个四合院会不定期举行很多有趣的活动，传统的如京剧、书法、太极，现代的如摄影、观影、民谣。所以我一点都不奇怪，在这个面积不算大的四合院里，除了客房外，还有一间迷你的多功能地下室，既是书吧、酒吧、电影放映厅，也是摄影棚、桌游吧、游戏厅。偶尔遇到运气好的时候，可以听到肖先生自己拨弄着吉他低声弹唱。

　　在跟肖先生聊天的时候，一郎就静静地趴在他脚边，乖乖的模样。一郎是一只大金毛，我刚进门时，就是它兴冲冲地跑出来围着我直转圈，全然不顾我是第一次登门的陌生人。怪不得老板要在门上贴一张它的卡通画，说 "Please don't let the dog out. No matter what it tells you!" 估计生怕这只自来熟的大金毛跑出去玩耍记不得回来的路。

　　肖先生本身也是一位旅行爱好者，开这家客栈前，已去过很多城市，住过很多客栈，有时做做义工，一待待好久。喜欢旅行的人大多心里都会有客栈情结，当肖先生有了自己的客栈，也总想要把它变得略微有那么些不同，在为客人提供舒适、整洁的入住

环境的同时，多元化的文化活动更是锦上添花，呈现了生活更多的可能性。客栈不是梦想的终点，只是梦想的开始。

将要离开客栈时，一郎趴在主人脚边睡得正香，傍晚的风吹过，杏树的叶子沙沙作响。有人轻声敲门，一郎立刻又兴奋了起来，冲到门口欢迎客人的到来。这是一位从中国台湾远道而来的女生，我们相视一笑，纵然不相识，但我敢肯定，住在杏园，她的北京之行也定会美好而难忘。

📍 客栈资讯

地　　址：东城区草厂北巷24号
电　　话：010-84084796
预订方式：网络/电话
房间价格：338~498元/间

## 雁翅楼中国书店
——历史不断档、
阅读不打烊

在熙熙攘攘的地安门大街南口，有一座建筑十分显眼，有着红墙灰瓦、精致的彩绘，古色古香，气派十足。屋檐下挂一招牌——中国书店。这座建筑为古建复建，原本的皇家哨所化身为文化传承之所，诉说着一段穿越古今的故事。

◆ 书店特色

◆ 中轴线上24小时经营的古楼书店
◆ 店内以传统文化书籍为主
◆ 可以淘到有趣的老地图
◆ 古色古香的公共阅读空间

## 新建亦是古建

位于地安门大街路口的"雁翅楼"，因其建筑外观宛若大雁张开的一对翅膀而得名。其始建于1420年，原为清代内务府满、蒙、汉上三旗公署，同时作为地安门城楼的皇家哨所，见证了明、清两代五百多年的风风雨雨。20世纪50年代因顺应城市发展而被拆除，时隔六十余年，在古建复建的背景下，雁翅楼得以复建，红墙灰瓦、精致的彩绘，挂牌为"中国书店"，古建今用，"雁翅楼"的故事将延续下去。

复制出版古籍文献与古旧书收售是其一大特色业务，也可为读者装订修补、补配残书，听上去颇有种老旧呆板书店的感觉，其实不然，店内也可淘到一些很有趣的东西。我在展示销售老北京文化的区域曾找到过一版老北京地图，有趣的是，这是由一位外国"驴友"在清末民初时以自己对北京的了解手绘而成，可谓是北京手绘地图的开端。地

古朴、大气的中国书店

1. 书架上成套的典籍古色古香，这也是中国书店出品的书的一大特色
2. 二层的中式古典桌椅为读者创造了古朴的阅读环境

图上很多当下耳熟能详的地方都以生动形象的图画表现出来，比如紫禁城、天坛、地坛等名胜古迹，以及曾经的刑场菜市口、卖艺杂耍的天桥等民俗风貌，生动的画面讲述着每个地方曾经的历史与故事，淘回家在网络上或图书馆里查阅相关典故也是一件十分有趣的事情。

1│2　　1. 书中自有颜如玉，书中自有老北京　　2. 满是京味的小纪念品

## 老书店，新创意

除了书籍外，店内还销售字画、文房四宝及一些老北京特色纪念品与工艺品。在这里，你可以看到一得阁的墨汁，还有小狼毫毛笔。还记得小时候第一次上书法课，用的便是这样的毛笔，黑色的笔杆与棕色的笔头，歪歪扭扭写下人生第一笔，如今想起来满满都是回忆。墙面上展示着皮影做成的装饰品，头戴盔头与翎子的京剧人物，身着喜服的新郎、新娘，花花绿绿的配色，惟妙惟肖的造型，展现着传统文化独具特色的魅力。我在架子上还惊喜地发现了彩色小泥人，吹拉弹唱，组成了民间小乐队，萌萌的惹人喜爱。

随着读者阅读习惯与需求的改变，中国书店的运营做出了全新的尝试，雁翅楼成为其首个通宵不打烊的试点书店，同时也为读者提供了休憩茶饮的良好阅读环境。整个书店分上、下两层，一层用于书籍销售，二层以书吧、沙龙为主。吱呀作响的木质楼梯，古色古香的书架、桌椅与线装书籍交相辉映，每一个细节似乎都在诉说着属于这里的历史。

午夜时分，烛火通明，于一座明清古建中，捧一册古籍品读，有一种在别处难以复制的时空穿越之感。

### 📍 书店资讯

地　　址：西城区地安门大街1号

电　　话：010-64093362

# 可多生活馆
## ——Zakka 风的小生活

生活中有太多美好的事物有待我们用心感受，它们没有那么光芒耀眼，却无处不在，给人温暖，令人心安。是窗边叮咚作响的风铃，是置放在房间角落里偶然盛开的鲜花，是惬意午后一杯香醇浓郁的咖啡，或是雨水滴答的傍晚口中融化的芝士蛋糕。位于鼓楼大街的可多生活馆，有很多小惊喜，有很多小情调，期待着你来一次小探索，带走一份小幸福。

◆ 店铺特色

- ◆ 琳琅满目的有趣杂货
- ◆ 安静惬意的咖啡小屋
- ◆ 种满花草的阳光露台

## 这里售卖的不仅是物品还有生活

从鼓楼大街自西往东前往南锣鼓巷，有一家Zakka风的杂货小铺最是让人不容错过。明亮的橱窗、琳琅满目的杂货小物，总有一件吸引你的眼球，让你忍不住停留。这里仿若是前往南锣鼓巷的中转站，有一个有趣的名字，叫作"可多生活馆"。

可多的名字读起来朗朗上口，说起来却有一段小故事。开店之初，客人推门而入的第一感觉是"你们家的东西可多，可多了"，"可多"二字简单质朴，却与店主的开店理念十分契合，于细微之处发现平凡的美好，于杂货小物之间体会生活中可多可多的惬意。

店内的杂货琳琅满目、花样繁多，有欧式复古铁艺花架、呆萌可爱的猫头鹰风铃、色彩丰富又充满怀旧气息的上弦玩具，每一件小物品实用又可爱，总能让人在心中想象，在家中为它们找到应有的位置。

楼下的创意小物被仔细地布置在二层咖啡馆里，与繁茂的绿植和花朵相互映衬，每一处角落都充满了小情调

在店铺深处的原木托盘上看到一组猫咪筷托，粉色、黄色、蓝色，或趴着晒太阳，或躺着谈天说地，眯着眼睛、睁着眼睛，圆溜溜胖滚滚的，十分可爱。猫咪均为陶瓷质地，釉色柔和，看着便让人心生暖意。一件小物品价格并不贵，正好遇到商家做活动，还可以关注微信一元购买，如此有趣有爱之物带回家中，用餐之间增添了十足的趣味，好像也使食物更加味美。

置物架上的地球仪台灯也让人印象深刻。灯光打开，地球仪散发出温暖的光芒，好似指引着我们去远方、去流浪，在青春飞扬的岁月里还可以追梦一场。

楼梯拐角处有两只围桌而坐的泰迪熊，阳光洒落、时钟滴答、花影摇曳，憨厚的熊先生与羞涩的熊小姐也在此享受着美好惬意的小时光。

可多生活馆中的小物件才不是华而不实的装饰，它们在发挥着实用功能的同时，经过设计和创新，带给生活更多的美好。

## 这里提供的不仅是咖啡还有情调

顺着花草环绕的楼梯而上，便是楼上的咖啡馆，与楼下热闹的杂货铺相比，有着远离尘世的安静与惬意。

可多生活馆中的小物件才不是华而不实的装饰，它们在发挥着实用功能的同时，经过设计和创新，带给生活更多的美好

在这里听不到任何街道上车水马龙的声音，只有窗外的杨树与香椿树在暖风的吹动下发出沙沙的声响。午后的阳光透过百叶窗照在桌子上的小猪台灯上，丝丝缕缕仿若流沙。楼下的创意小物被仔细地布置在这里，与繁茂的绿植和花朵相互映衬，每一处角落

都充满了小情调。点上一杯咖啡，再来一份香甜浓厚的芝士蛋糕，只愿时光在这里停滞不前。

　　三层空间是一处开阔的露台，可以清晰地遥望不远处的鼓楼，周边老胡同的风貌尽

在这里听不到任何街道上车水马龙的声音，只有窗外的杨树与香椿在暖风的吹动下发出沙沙的声响

楼顶天台上自家种植的生菜，美味早餐的食材可能取自这里呢

收眼底，有种穿越时空的格调。如是夜晚，躺在木椅上看星空，想想便觉得浪漫无比。墙角下种植的花草上插着标签，原来店内的部分食材都是由店家自己种植。比如金枪鱼沙拉里的薄荷叶便来源于此。置身于自己的杂货铺中手冲一杯咖啡，在露天花台上摘下新鲜的食材拌上一份沙拉，生活在这里自给自足、温暖幸福，让人心生向往。

　　可多生活馆，这里也许不是周边最热闹、最有创意、最好玩的店铺，但却有着最简单美好的生活，它并非独一无二，却是可以复制，从一件充满情趣的杂货开始，从一杯手冲的美味咖啡开始，从一片自己种植的薄荷叶开始，那些可多可多的微小细节，终将温暖你自己的生活。

📍 店铺资讯

地　　址：东城区宝钞胡同和鼓楼东大街交叉口路南
联系方式：微信/淘宝
特色推荐：创意可爱的小物件、青柠芝士

# 大清邮局
## ——洋溢邮递情怀

位于烟袋斜街上的大清邮局，每日都热闹非凡，门店外的盘龙邮筒与投信小孩雕塑更是成为游客到此一游的拍照背景。古色古香的门脸、形态各异的京味儿明信片、高贵大气创意无比的邮戳、活泼可爱的吉祥物Donglong、限量发售的什刹海集印本，虽然是中国邮政直属邮局，却充满了情趣与格调，让人忍不住想要写上一张明信片，把祝福和回忆『咚隆』一声寄出去。

◆ 店铺特色

◆ 最有历史气息的邮局
◆ 创意文化明信片，京味儿十足
◆ 什刹海盖章本，留下独一无二的记忆
◆ 可爱的吉祥物Donglong，传承着中华文化与邮递情怀

### 一家创意邮局，一部中国邮政史

对于游客而言，在烟袋斜街有一个固定行程，就是与大清邮局门前的盘龙邮筒及梳着清代小辫儿的投信孩童铜像拍张合影。据说一年前投信小孩铜像曾经被醉汉在深夜损坏，没了这惟妙惟肖的小朋友，当时的烟袋斜街少了很多情趣。如今，投信小孩铜像早已修好，与盘龙邮筒一起，等待天南海北而来的客人在此投递一封意义非凡的信件。

大清邮局是中国邮政挂牌营业的一家创意邮局，独特的官方背景给人十足的信赖感，蓝底金字招牌更是显眼，一如满清时期的官府衙门，十分大气。邮局自然是提供邮寄服务，明信片是这里的一大特色。展示架上的明信片形态各异，很是讨人喜欢，展现着浓浓的老北京风情。画面中有寓意吉祥的兔儿爷、土地公公，还有提着鸟笼的八旗贝勒，更有铜锅涮肉、炸酱面、豌豆黄和卤煮等老北京美食，京派十足；《西游记》《三国演义》《红楼梦》等四大名著中的人物造型也被设计成了明信片，充满了年代感与回忆；长城、天坛、央视"大裤衩"等北京新老地标建筑样式明信片也深受客人喜欢。

$\frac{1}{2}$

1. 古色古香且主题分明的大厅

2. 看着沿河而下几十千米一站的邮寄点，让人不禁想起木心的诗歌《从前慢》："从前的日色变得慢，车，马，邮件都慢，一生只够爱一个人。"

店内的装饰风格也是别具一格，很有满清风情。店里挂有晚清中国邮局的布点与路线图，文字中讲述了商周时期到清代邮驿的发展历程，整整一部中国邮局发展史。货架上方展现着旧时的邮政水路运输线路图，几十千米一站的距离加上当年的交通速度，让人不禁想起木心的诗歌《从前慢》："从前的日色变得慢，车，马，邮件都慢，一生只

1. 复古感十足，寄存着慢递邮件的柜台
2. 恢宏大气、精细复杂的盘龙邮戳，一封加盖此戳的明信片似乎真有种从当年的大清邮局邮寄而来的感觉

够爱一个人"。随着交通网络的通达与交通工具的便捷，现在的我们反而很少写信，或许身处其中，方可理解展示柜上方那句"重温手写的印记"，显得如此温暖动心。

除了特色明信片外，大清邮局也提供慢递服务，时光悠悠，更显真情，约定个未来时间，寄出一份祝福与感动。

## 盖个盘龙邮戳，抱个Donglong回家

大清邮局人气最高的地方是盖章处，四个形态各异的大红邮戳创意十足。有中规中矩又大气十足的文字款"大清邮局"，也有恢宏大气、精细复杂的盘龙。一封加盖红戳的明信片似乎真有种从当年的大清邮局邮寄而来的感觉，也难怪来此参观的客人忍不住在新买的明信片上盖个不停。

邮局内还可买到什刹海地区限量版集印本，游客可以在游玩什刹海的同时，到优质商铺收集精美印章，既可享受专属优惠，还可留下独一无二的旅行记忆。

在店内，随处可见活灵活现的黄色小龙卡通形象，这就是大清邮政信柜的吉祥物"Donglong"。据说，它的名字来源于投递信件时信件落入邮筒时发出的"咚隆"声，而其形象更是讲究，黄色肤色代表中国人的黄皮肤，紫色犄角象征着紫气东来，生动可爱又传承着中华文化，展现着邮递情怀。

## 📍 店铺资讯 ────────

地　　址：西城区烟袋斜街53号
电　　话：010-64041594
**特色推荐**：特色明信片、大清邮戳、慢递、集印本

# 樱桃咖啡馆（Cherry Cafe）

## ——复古是一种情怀

粗犷的红砖墙与精致的油画，古朴的木梁与行云流水般的古典音乐。樱桃咖啡馆给人的感觉不仅仅是一种复古情调，更有种欧洲文艺复兴时期的文化质感。透过天窗，阳光洒落，玻璃柜内精致的Vintage饰品仿若在诉说着古老的故事。端上一杯樱桃拿铁，配上一份樱桃蛋糕，莫要辜负好时光。

◆ **饮品店特色**

◆ 充满复古情调
◆ 甜蜜的樱桃咖啡与樱桃蛋糕
◆ 门口的展示架上有北京文艺资讯
◆ 复古饰品，怀旧海报

## 樱桃不只是水果

说起樱桃咖啡馆，总是会让人联想到水果樱桃，猜测店主因喜爱樱桃才以此命名，可探其究竟才发现，这是因咖啡豆本身就来自咖啡樱桃。咖啡豆虽名"豆"，可并非咖啡树的果实而是果核，咖啡树成熟后会结出果实，晶莹红润似樱桃，故名"咖啡樱桃"，待将果肉剥离去掉果核的银皮，我们熟知的"咖啡豆"才呈现在眼前。

樱桃咖啡馆里的咖啡用料讲究，据说咖啡豆都是从埃塞俄比亚进口，牛奶则来自德国。咖啡口味多样，但每款都力争口感经典，抿上一口便可令人想到塞纳河边的艺术风貌。虽然现在不是身处19世纪的巴黎，也没有喝着左岸咖啡，但作为全国文化中心的北京，着实已碰撞着最新潮的戏剧、雕塑、诗歌、绘画和传承着最经典的国粹。樱桃咖啡馆的门边有近期京城文艺演出或各类展览的小册子，可免费取阅。

透过天窗，阳光洒落

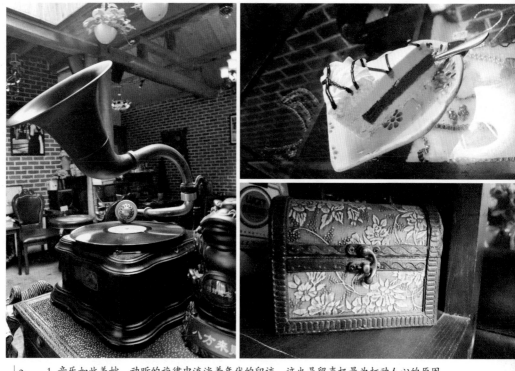

1 | 2
　 | 3

1. 音乐如此美妙，动听的旋律中流淌着年代的印迹，这也是留声机最为打动人心的原因
2. 美食当前一切都不再重要，包括桌下的复古首饰
3. 精致的雕花皮箱，年代感不仅体现在视觉与听觉上，也包含触觉

## 京城的左岸

复古是一种情怀，其不仅来自华丽精致的装修，还有其特有的文化氛围。咖啡馆的鼎盛离不开艺术家的推波助澜，正如世界上最为盛名的巴黎左岸的咖啡馆，之所以成为咖啡馆的典范，与萨特、海明威、伏尔泰、毕加索、凡·高等众多艺术家有着难以割舍的关系。于是乎，去巴黎坐在塞纳河左岸，最好是双偶或是花神，捧上一杯经典的牛奶咖啡早已列上文艺青年的梦想清单。

樱桃咖啡馆也有着浓郁的复古情怀。昏暗的吊灯散发着慵懒的光线，店主虽对房间做了华丽精致的装饰却将老式民居时古朴的红砖墙保留了下来，任由时光印记在这里慢慢沉淀。

老式留声机并不常开，音乐以古典乐曲为主，缥缈悠扬。猩红色的沙发或是软皮座椅，细节考究，大多带着几个世纪前欧式贵族的气息。洋铁皮和木头打造的收纳盒、手摇式电话机、斑驳的小木马，这里展现的每一件小物品皆有种岁月流逝之感。

墙面上有旧照片和画作，推开门即可见凡·高的两幅经典自画像，其中一幅是

第二次世界大战胜利经典照与同为经典的披头士

《戴毡帽的自画像》，画中的凡·高并非印象中的桀骜怪诞，浅灰色的睫毛下眼神平静，胡子修剪得整整齐齐，外套的领子上有蓝色的条纹，与背景色十分协调。紧邻着的墙面上挂有《莫特西埃夫人》，与英年早逝的凡·高相比，这幅画的作者安格尔要长寿得多，这幅作品据说创作于其71岁时，在法国新古典主义绘画作品中占有重要地位。褐色的背景墙下，一袭黑裙的莫特西埃夫人表情平静而庄重，展现了法国贵族高贵、稳重的形象。

　　除了醒目的经典画作外，墙面上也有颇具时尚感的照片和海报。披头士演唱照片、《罗马假日》和《蒂凡尼的早餐》中赫本的剧照、梦露的性感海报，这些往昔岁月里的经典形象，无疑承载着一个时代的故事。

📍 饮品店资讯

**地　　址：** 西城区地安门西大街41号
**电　　话：** 010-84084148
**人均消费：** 45元
**特色推荐：** 各式樱桃咖啡、饮品

# 可可芭蕾巧克力艺术沙龙
## ——情浓十分刚刚好

影片《浓情巧克力》是一部让人印象深刻又倍感温暖的爱情故事片，在大雪纷飞的冬夜里，身着大红色斗篷的年轻女子薇安带着小女儿来到法国一座安静闭塞的小镇，在教堂对面开了一家温馨的巧克力店，她制作的巧克力浓郁甜美，打动了小镇居民的心，而薇安也收获了属于她的甜蜜爱情。位于烟袋斜街上的可可芭蕾便如薇安的巧克力店一般，在烟袋斜街独树一帜，给人难以忘怀的甜蜜体验。

## ◆ 饮品店特色

- ◆ 烟袋斜街上的异域风味
- ◆ 浓情手工巧克力
- ◆ 内有镇店小萌兽
- ◆ 坐在二楼靠窗位置可俯瞰整条古街道

## 古街上的异域风味

什刹海一带纵横交错的胡同中有一条少见的斜向街道，因清末时街上遍布烟袋铺且街道形似烟袋，故叫作烟袋斜街。如今几百年的老街上商铺林立，买卖的东西也不再是千篇一律的旱烟、水烟，取而代之的是充满民俗风情的手工艺品及天南海北汇聚而来的特色美食。街角有一家温馨的巧克力店，名为可可芭蕾巧克力艺术沙龙，在古街上颇有独树一帜的感觉。

这是一座二层的中式古建，凭依在二层窗栏边，整条街的景观尽收眼底，街上游客来来往往，颇有种古时坐在茶馆内饮茶看车水马龙的感觉。傍晚时分，日落的余晖勾勒出不远处四合院的坡顶，仿佛时光倒流。若是在夜晚，遥望后海波光粼粼，似有古时元宵佳节花灯璀璨之感。

凭靠在二层的阳台上，眼前的烟袋斜街与远处的白云形成了一幕昔日老北京才有的景象

## 浓情巧克力

能称得上艺术沙龙是因为店内琳琅满目、口味丰富的手工巧克力，每一颗都精心设计，宛如一件件精致的艺术品，使人赏心悦目、心生喜爱。

这些巧克力，论形状，有中规中矩的方形、可爱的桃心、活泼的贝壳、翩飞的蝴蝶；论味道，有热情的朗姆、丝滑的太妃、醇厚的榛子酱、温柔的椰丝；论浪漫，有会说话的巧克力礼盒，26个英文字母，可以传达最动听的情话；论创意，有星空套装，20颗完美星球，护你一生的卫星和永远照亮你世界的恒星，在你的宇宙为你展示璀璨星空。

要论最情真意切，便是店内特制的魔法电影系列。精致的礼盒似古典的圣经，轻轻

拉开丝带，似是翻开一段刻骨铭心的记忆。礼盒里定制的巧克力，正面是精心挑选的照片，可以是精致的婚纱照，抑或是生活中的甜蜜合影，想必任何收到礼物的客人看到的瞬间都会惊喜万分。

## 镇店萌兽

店内有两只温驯、乖巧的大狗，金毛叫CoCo，拉布拉多叫小Q，肥肥胖胖，甚是可爱。它们俩时常在店内慢慢踱步，或趴在门口晒太阳，圆润的身躯和大尾巴与客人擦身而过，不知不觉早已收获了一批粉丝，更有客人专为两只萌犬而来，可谓是招财小萌兽。

1｜2　　1. 光影斑驳下的绿萝更显生机盎然，玩具小车则带着更深的年代感
　　　　2. 屏风下两只苗条的猫咪，但我想那两只爱吃巧克力的大汪是不会忌妒的

　　慵懒的下午，精心挑选几款喜爱的巧克力，坐在二楼的阳光下，度过一段静谧、甜美的时光。不要问我哪一款巧克力最美味，因为任何一种味道都需耐心品味，如果尝试的时候恰好击中了你内心独一无二的情怀，那便是最美好的味道。

📍 **饮品店资讯** ────────────────

**地　　址：** 西城区后海烟袋斜街30号

**电　　话：** 010-64012488

**特色推荐：** 店主秘制五粮液巧克力

# 1696km 奶茶店
## ——一杯奶茶的距离

原木、绿植、做旧的画框，位于鼓楼大街上的1696km奶茶店有一种台式小清新的情调。从中国台湾有机农场精选的茶叶，原料天然、人工煮制的珍珠，更有热情、亲切的店主和奶茶小妹为你捧上最地道的台式奶茶，仿佛置身台湾街头，感受宝岛最寻常的甜蜜味道。

◆ 饮品店特色

◆ 最地道的台式珍珠奶茶
◆ 绿植、原木，小清新情调
◆ 有舒适的影音室
◆ 有帅哥老板和美女店员

## 这里有最台式的风景

傍晚时分，天色朦胧，1696km台式茶饮店的招牌散发着微黄的灯光，温暖得刚刚好。透明的玻璃窗内，有着多肉植物和原木桌椅，简单的色调质朴而清新，总是让人忍不住想要推门而入。

在这里，你总是可以看到关于台湾地区的元素，《台湾民俗》《图解台湾史》《台湾的怀旧柑仔店》，随便翻开一本书，繁体字虽然微微有些累眼，但你总是能了解最真实的不一样的台湾风情。可别小看这些书籍，这都是老板亲自从台湾背回来的。

台湾地区的影音带循环在店里播放着，虽然不知道具体是台湾何处的风景，但觉得绵延的海岸，繁茂的花朵，一切如仲夏般梦幻的亚热带风情总是极美的。

楼上阁楼有一个影音室，一百多部经典电影够你打发一下午的时光了。隔壁有两排沙发，冬日的午后，点上一杯金萱，总觉得阳光里都充满了奶香的味道。

有客人在旁敲着非洲鼓，欢快的鼓点与小清新店铺的氛围有些格格不入，可是管

1696km，鼓楼下的一间台式奶茶铺，温馨的小店香浓的奶茶正适合华灯初上的夜晚

它呢，旅途中的人们总是格外地包容，喝着奶茶听着异域旋律，也未尝不是一种别致的
体验。

## 这里有最台湾的味道

每当有人问1696km是什么意思，老板总会指着地图认真地告诉你，那就是中国台
北到北京的直线距离。老板说，在这里不仅能让客人品尝到地道的台湾奶茶，更希望能
够传递给每一位客人一种来自中国台北的生活与文化。

店里的镇店之宝自然非珍珠奶茶莫属。说起珍珠奶茶，就会想到台湾，就会想到说
着软软闽南语笑容可掬地跟你打着招呼的可爱美女店员。老板开着玩笑说，若是在北京
想要喝上地道的台式珍珠奶茶，何必舟车劳苦地跑去台湾，来1696km就好了。若问老
板为何如此自信，听一听这家茶饮店背后的故事就知道底气何来。

1696km的老板是两位性格迥异的男生，一位是土生土长的北京男孩，暂且叫他
"北京老板"；一位是来自宝岛的台湾男生，暂且叫他"台湾老板"。两人最初相识于
篮球场，后来成为好哥们儿。话说台湾老板自从来到北京，喝遍了北京市场上的所有奶

楼下一层小桌，屋内布置的清新可人

茶，都觉得不甚如意。每天喝奶茶已成为习惯的他甚为苦恼，就想着把地道的台湾奶茶带到北京来。最初的想法仅仅是安慰自己的胃，后来便想着何不开一家正宗的台式茶饮店，既可满足自己的嗜好，又可与更多的朋友分享地道的台湾味道。于是两位老板一拍即合，便有了这家饮品店。

为了还原最地道的台式味道，店里饮品选用的茶叶全部来自台湾地区的有机茶庄。如果想要喝到珍珠奶茶，建议您不要去得太晚，因为为了保证口感，店里的珍珠都是每日现煮，如果去得晚，可能老板会惋惜地告诉你，还请下次再来。虽然稍稍有些遗憾，好在店里可口的饮品不止珍珠奶茶，来上一杯金萱拿铁或者是乌龙茶奶茶，都是不错的选择。

两位老板很少同时待在店里，遇到谁都要看缘分。悄悄告诉大家一个小秘密，如果你看到穿着黑色T恤衫背面写着"台湾"的男生，十有八九便是来自台湾的老板，你不妨与他聊一聊，奶茶、日月潭、阿里山，关于台湾的什么都行，花痴的女生定是要跟老板合个影的，能不能得到在台湾小有名气的篮球手首肯，就要看运气啦；若是遇到T恤衫背面印着"北京"的男生，那就更要好好聊聊了，毕竟您游览的明、清两朝的皇城帝都，作为地道的北京小伙儿，定会给您最中肯的游览建议，体会原汁原味的老北京风情。

$\dfrac{1}{2}$ | 3

1. 架子上摆着不少老板从台湾带回来的可爱摆件　　2. 成套呆萌的猫头鹰
3. 店内地道的台湾奶茶自然少不了老板从台湾带回来的本地茶叶

忍不住要上一杯珍珠奶茶，缓缓捧在手心，甜蜜仿佛已经慢慢沁入心底。问我北京到台北有多远，我会说，只有一杯奶茶的距离。

📍 **饮品店资讯** ────────────────────────

**地　　址：**西城区旧鼓楼大街与鼓楼西大街交叉口东北角

**电　　话：**13811719118

**人均消费：**25元

**特色推荐：**珍珠奶茶、乌龙奶茶、金萱拿铁

# 餐厅
## CANTING

## 西巷年代小馆儿
### ——致我们永不逝去的
### 童年

西巷年代小馆儿是一家充满了童年印记的主题餐厅。用心的布置、可口的菜肴、熟悉的味道，点滴之间勾起童年时的往事。喜欢那五颜六色的玻璃弹珠，喜欢甜甜的麦乳精，喜欢『教室』里的宣传画，喜欢这里的每一段难忘时光。虽然我们已经长大，在这里却觉得青春并未远去。

◆ 餐厅特色

◆ "80后"主题餐厅，每一个角落都是青春回忆
◆ 充满老物件，磁带、奖状、黑板报……
◆ 麦乳精，童年里的奢侈甜蜜

## 在童年的时光里

记得小时候，偶尔会邀上几个小伙伴在家里开个小party，最喜欢的环节除了味美的大餐甜点外，就是餐后的游戏娱乐活动。家里有个小型的家庭影院，从一堆儿童音乐DVD中挑出喜欢的那一张，几个小伙伴便争抢着话筒开唱啦。有时会故意点到《童年》，唱到"总是要等到睡觉前，才知道功课只做了一点点，总是要等到考试以后，才知道该念的书都没有念"时大家总会相视一笑闹成一团，后面唱到"一寸光阴一寸金，老师说过寸金难买寸光阴，一天又一天，一年又一年，迷迷糊糊的童年"时却没有很深的感受。因为那时年纪小，总觉得时光太长，可就是一眨眼的时间，我们都已长大了，而童年，早已远去。

西巷年代小馆儿也许能带着我们重返童年。这家主题餐厅在寻常巷陌里并不十分显眼。从喧闹的鼓楼进入北锣鼓巷，穿过几条小胡同便可看到小小的红色灯箱，一如年少

餐厅里的小角落，有着20世纪老饭馆应有的样子

时家门口的路灯，橘黄的灯光让人无比暖心。

推门而入，先是一条狭长的过道，一面墙上被黑板占据了半壁江山，花花绿绿的彩色粉笔描绘出的活泼孩童，小时候美术课学来的最简单的花花草草，画着的小喇叭下面永远有最新的文字通知，这里的场景一如小学时教室后面的板报。仿佛就是昨天，就是你和那幼时的伙伴齐齐站在黑板前，一笔一画认真勾勒出的一般。怪不得有人说，这里就像是哆啦A梦的任意门，推门而入的瞬间，便好似回到了童年。

## 如果时间可以倒流

餐厅的大厅被布置成了教室的模样，墙面上挂着《小学生行为守则》，"坚持锻炼身体，积极参加课外活动""积极劳动，自己的事情自己做""遵守学校纪律，遵守社会秩序"……这里的每一条行为守则都曾被我们深深地刻在脑海里。记得上小学时，教学楼的走道里总是遍布这些海报，而教室里总是挂着马克思、恩格斯、高尔基的名言语录，以至看到这些海报，便觉得亲切十足，熟悉得不得了。

"快看，老板小时候长得还挺可爱！"有客人拿起一张小学学生证，兴冲冲地招呼着同伴。我也上前凑个热闹，果然，桌子上的学生证有小学的也有中学的，还有共青

黑板报，小时候每个才华飞扬的孩子发光发热的地方

团员证，这些证件全部都是餐厅老板之一宋佳的。早先看墙上贴满了奖状，名字便是这位少年，不过今日店里倒是没有见到这位老板，另外两位老板一显北京男孩的率真、幽默，在桌前贫嘴说："嘿，你可别看这墙上的奖状，若不是小时候我们哥儿俩不稀罕这奖状让着他，他哪里能得到这些！"此话一出，逗得旁边的客人呵呵直乐。

　　若是你觉得店里的摆设都是"80后"的校园场景，那你可就大错特错了。童年的时光校园只是一部分，那大把的光阴还是花在撒欢玩耍的胡同儿里。看吧，小霸王游戏机、塑料版变形金刚、刘德华的贴纸、玻璃弹珠的跳棋，这些可都是男生们小时候的专属记忆；大红色的毽球、铁皮的铅笔盒、原木色的脚踏琴、一得阁的墨汁、中国第一铅笔股份有限公司的红色大头橡皮铅笔，乖乖女们对此是不是也颇为熟悉？还有铝制饭盒、回力鞋的海报、蓝红两色的中国运动服、白色的双缸冰箱、绿色的风扇、蜜蜂牌缝纫机、黑白电视机，还有卡带式收音机，这里的每一个细节都充满了浓厚的20世纪80年代的感觉。虽然很多小物品对我来说略显陌生，但在那个时代的电视电影里，这样的场景却最是寻常。

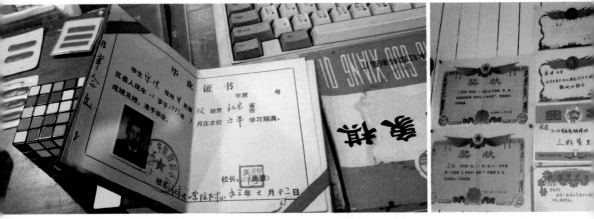

1｜2
1. 一张三道杠足以加持领导人般的底气，一张奖状足以成为享誉胡同的资本
2. "嘿，你可别看这墙上的奖状，若不是小时候我们哥儿俩不稀罕这奖状让着他，他哪里能得到这些！"

## 青春不远

作为一家餐厅，在营造与众不同的环境的同时，菜品也颇为重要。这里的菜单是用作业纸手写而成，按照客人的评价名次逐行排开，颇有种公布成绩时排名榜的感觉。私家酸瓜干肠、西巷小羊排、樱桃鱼块、鱼香小豆腐、宫保虾球，这些全都榜上有名。其中樱桃鱼块酸酸甜甜，口感颇好，若是您来，尝尝榜单上的菜品，总是不会错。两三好友一起，吃吃小菜聊聊天，回想起往日时光，总是会有所感怀。

大厅里红色的横幅甚是显眼，"致我们永不逝去的青春"。这句话或许只是一个美好的愿景，没有谁可以青春常驻，但对于青春的记忆却可以永存。一如西巷里有这么一句话："如果你是，忘了自己曾是孩子的大人，如果你是，不想忘记童年的大人，来西巷年代小馆儿吧，会带给你永不忘却的童年回忆！"

### 📍 餐厅资讯

餐厅地址：东城区鼓楼东大街大经厂西巷3号
联系方式：010-64065852 18911928601
人均消费：70元
特色推荐：樱桃鱼块、宫保虾球、麦乳精、虾片

# café sambal
## ——隐匿在胡同里的南洋风情

café sambal，一家隐匿在胡同里的马来西亚餐厅。主体建筑由老式民居改造而成，红砖依旧，略显斑驳；白色铁艺灯罩内闪烁着温暖的光影；雕花的木椅，厚重的木桌上摆放着雅致的青花器具。点点滴滴之间营造出的古朴婉约，透着梅雨时节的南洋风情。

◆ 餐厅特色

◆ 四合院里的南洋风情
◆ 地道娘惹菜，热情又浪漫
◆ 中式雕花桌椅，有舒适的小包间
◆ 夏日里可以烛光晚餐

## 最具创意的混搭

旧鼓楼大街上有一条名字颇为奇特的胡同，叫作豆腐池胡同。从西口进入，一眼便可看到café sambal的招牌，店门口隐约飘来烟火的气息，让人忘却冬日里的严寒。

推开厚重的门帘，里面却是别有洞天。老式民居经过精心的改造，散发出迷人、别致的情调。裸露的青红砖上光影斑驳，雕花的木椅与厚重的木桌，带着20世纪富贵人家的精致。窗边有透明的玻璃花瓶，插着一束风干了的枯梅，阳光下花影摇曳。如此清新雅致的环境搭配热情奔放、色彩艳丽的马来西亚菜肴，可谓是美食界最具创意的混搭。

## sambal的味道

店名中的"sambal"中文名字叫作参巴辣椒酱，是马来菜系最经典的一种酱料，也是娘惹菜品中最为独特的一种味道。娘惹钟爱这种味道不仅是日常的饮食习惯，更是

1 | 2 / 3

1. 宽敞的空间内几组古家具，一株盆栽，便是一处古色古香的餐厅
2. 错过了午餐时间，却在小院里独享一片安宁
3. 深秋时节游荡嬉戏的小鱼，给小院里添了几分灵动的生机

一种难以忘怀的文化传承。

　　娘惹是一个族群的总称，指马来人和华人的混血女孩。一如旧时代的传统要求女孩必须学习女红一样，远在马来半岛的娘惹们也有着类似的要求，于是会烹饪成为女孩有教养的一种体现。娘惹延续了传统的中式烹饪手法，融合了马来常用的多种香料，形成了味道浓厚、酸辣明快的娘惹菜肴。

　　据说，café sambal的sambal酱是根据马来西亚著名的甲必丹餐厅独家秘方熬煮数个小时而成，故不出京城便可在此品尝到中华美食与热带风情的完美结合。

## 舌尖上的记忆

　　café sambal有一道菜备受食客好评，那就是咖喱鸡。鲜嫩的鸡肉，包裹着浓厚的咖喱，有点小辛辣，是咖喱特有的味道，又有椰汁的清甜，复合的味道刺激着味蕾，充满了热带的风情。

　　若是错过了正餐时间，来此小坐，可点上一杯拉茶。温润的红茶融合炼乳的醇香，

繁密的泡沫增添了饮品的润滑，让人暖意融融。摩摩喳喳作为一道小甜品，名字听起来有些奇怪，味道好得令人难以忘怀。温热的椰浆清香扑鼻，内有爽口的西米、香糯的芋圆和软绵的紫薯，尝上一小口便会幸福感爆棚，拥有一整天的好心情。

如果在夏日的晚间，就餐的木桌上点起蜡烛，透过透明的玻璃屋顶，可望见夜空中的明月，想必这里的味道和情调都将会成为客人一段难忘的记忆。

## ♥ 餐厅资讯

**餐厅地址：**东城区旧鼓楼大街豆腐池胡同43号

**联系方式：**010-64004875

**人均消费：**140元

**特色推荐：**咖喱鸡、招牌豆腐、越南香杞卷、拉茶、马来炒饭

# 方家胡同
## 老胡同新格调

　　方家胡同是京城众多胡同中少数的只要提起名字便会略知一二的胡同，只是方家为谁，我们不得而知。《地名志》中曾记载，因明万历年间戎政尚书方逢时居此而名，但准确与否尚待考证。胡同里，尚有精致的雕花、敦厚的门墩、木质的朱红大门，只是时过境迁，它们大多破落了，不过在时光的浅影里，依稀可见曾经的辉煌。

　　因东邻雍和宫，北靠国子监，西近南锣鼓巷，方家胡同自古便处于京城传统文化的核心地带。现如今其中的46号院文艺气息最为浓厚。院内有电影主题餐厅猜火车、深受文艺青年喜爱并拍过电影《分手合约》的红叶拾楠、充满台湾腔调的咖啡馆双城记，除了这些人气爆棚的店铺外，还有一些不对外开放的工作室和文化公司办公室。如今，老厂房、旧机器早已完成了工业生产的使命，作为工业文明的一种印记，静静待在往日角落享受着新时代的流光。

　　方家胡同里，还有提供江南小食的胡同食堂、制作热缩片的工作坊茶米手作、温情的日料小馆源和料理。据说末代王妃文绣的祖宅也在这条胡同中，虽然再没任何痕迹可寻，但悠悠时光里，这里仍然带着历史的温度。

　　方家胡同，一条不太长却有十足故事的胡同，哪天你路过，且要慢慢走，慢慢看，慢慢去寻找触动内心的小情怀。

时光漫步怀旧
主题酒店
——要情怀也要品质

如果你来过时光漫步怀旧主题酒店，总是会有一种东西可以给你满满的怀念，甚至让你泪流满面，是「漫步胡同」里撒满落叶的胡同口，是「漫步童年」里写着中心思想的小学语文课本，是「漫步回忆」里的独钓寒江雪。时光漫步，不仅是一家让身体舒适休息的酒店，也是一个可让记忆停留的驿站。

◆ 客栈特色

- ◆ 怀旧主题酒店，处处都有回忆
- ◆ 有好喝的麦乳精与娃哈哈
- ◆ 童心十足的"大白兔"与贴心呵护的"万紫千红"
- ◆ 紧邻国子监与雍和宫

## 怀旧是种情怀

怀旧青春电影最近几年深受影迷喜爱，几乎部部票房大卖。从赵薇的导演处女作《致我们终将逝去的青春》，到高晓松的跨界作品《同桌的你》，再到彭于晏、倪妮领衔主演的《匆匆那年》，几乎已成为"70后""80后"共同追忆的青春印记。几个性格迥异的好友，一段无忧无虑的校园时光，美好却无疾而终的初恋，在时光的浅影里发酵着，化成一坛老酒，酒香诱人却已不能再尝。

怀旧青春电影展示的仅是人生道路中短暂的年少时光，而怀旧的情怀却涵盖了过往岁月里流逝的每一分每一秒。

怀旧的思绪总是不经意间溜进我们的脑海，生活中的点点滴滴触发起最纯真、美好的回忆。在方家胡同里，有一种情怀叫作住在时光漫步里。

古朴的砖墙、老式留声机、《大众电影》杂志海报，仿若回到旧时光

## 漫步时光

酒店位于方家胡同46号院内，从大院入口穿一条对角线便到了时光漫步酒店，走近了才发现，木质招牌上除了"时光漫步"四个醒目的大字外，还有一辆带梁自行车的手绘形象。通向酒店的大厅有一个小小的过道，墙上有老北京胡同的彩绘，老槐树红木门、灰色砖瓦白雪茫茫，其间，一辆黑色带梁的大金鹿自行车横在画前，十分应景，仿佛本就是画中一景似的。

略微上了年纪的"50后""60后"对此会有深刻的印象。大金鹿自行车生产于青岛自行车厂，于20世纪60年代至80年代风靡全国，与"飞鸽""永久"齐名，曾伴随着老一代的青葱岁月。记得曾经看过一部年代电影，中间有结婚的场景，新郎迎娶新娘用的便是大金鹿这种大梁自行车，车把上挂着喜庆的大红花，一路穿行在金黄的油菜花海，铃铛叮当叮当响个不停。

步入大厅，留声机咿咿呀呀唱响着歌曲，分不清哪个年代，有种悠扬、淡雅的伤感，仿佛感叹着时光的流逝。墙面上有两排1983年和1993年的《大众电影》杂志封面，1983年杂志中可见《秋瑾》《城南旧事》《青春万岁》《我们的田野》《雷雨》

1 | 2　　1. 酒店由老旧厂房改造而成，既有工业时期的痕迹，又充满现代化的气息
2. 公共空间一角，可以坐在沙发上喝杯麦乳精看看书

等剧照；1993年的杂志则看到了曾活跃在屏幕上的青年演员马羚、石兰、许晴、陈红等。那个年代互联网尚未普及，有关电影的知识全凭这本小小的杂志得以了解，不知那个年代里爱好电影的青年们如今看到是否有似曾相识的感觉，也不知杂志中这些电影和影视明星们陪伴他们度过了怎样一段青春时光。

　　有服务员甚是贴心，送上一杯麦乳精，柔声说："外面冷，喝一口暖暖身。"小小的搪瓷杯中，麦乳精是微微的小麦色，对于零食早已丰富多样的"90后"来说，抿上一口味道并不惊艳，不如牛奶香醇不似麦片浓郁，或许物资略微吃紧的"70后""80后"对此才会有更为深刻的印象。说起麦乳精不得不提的便是上海"福牌"，其商标是一个红色的"福"字，九只红、黑两色蝙蝠环绕其间，有"幸福健康"之寓意。20世纪

80年代，其出品的可可口味麦乳精曾风靡全国，成为那个时代家家户户赠送亲友之佳品，用小勺舀上一勺放进嘴里，淡淡的麦香和奶味不知满足了多少童年时光的小幻想。

### 胡同、回忆与童年

酒店客房共有75间，分布在三个楼层，由三大主题构成，分别为"漫步胡同""漫步回忆""漫步童年"，客房内75幅迥然不同的手绘壁画为三大主题做了完美的诠释。说起壁画背后还有一段小故事，据说酒店开办之初，酒店创始人便有在客房手绘壁画的想法，先是在网络上根据三大主题精选了75张不同情景的图片，然后请了宋庄的一家艺

1 | 2 | 3 | 4

1. 小小搪瓷杯中装着麦乳精，香香甜甜，还是小时候的味道
2. 万紫千红润肤脂，五彩斑斓的小铁盒内芬芳依旧，是小时候外婆和妈妈的化妆桌前最常见的身影

术工作室按照图片进行描绘创作。工作室最开始邀请了一批美院的学生，绘制了几幅画后觉得不是很满意，总是感觉缺少些东西，后来整体换了一批略微上了年纪的画师，出来的成品忍不住让人赞叹。后来创始人思虑良久，终于想明白两次创作差异的原因，因酒店精选的图片皆为回忆主题，若不是有了一定的阅历对生活有了充分的理解，很难描绘出图片背后的情怀。初入校园的学生小小年纪，尚未对生活有更深刻的体悟，虽技术上已很专业，但不免下笔浮躁，难以体现其真正的寓意。

手绘壁画已让大家看得到怀旧元素，还有尝得到、闻得到、体会得到的众多物件可以勾起你的回忆。每间客房桌上都放有大白兔奶糖和娃哈哈AD钙奶，客人可免费品尝，浓浓的奶香和甜蜜蜜的味道早已勾起"80后"朋友的童年回忆；万紫千红润肤脂，五彩斑斓的小铁盒内芬芳依旧，是小时候外婆和妈妈的化妆桌上最常见的东西；拨盘电话、复古绿色台灯、小人书，房间内的小物件皆为用心布置的，只为触碰你内心的怀旧情怀。

## 情怀品质两不误

常年在外奔波，住过的旅馆客栈不胜其数，愈发发现一个尴尬的现象。除去奢华的精品酒店不说，价格亲民的连锁酒店环境卫生让人放心却缺少创意，特色民宿营造了特有文化但客房卫生及舒适度却让人不甚满意，想必这也是众多旅客心中难以平衡的选择，一如鱼和熊掌不可兼得。此次入住时光漫步，却是一种难得的和谐。客房内有酒店

3. 每间客房桌上都放有大白兔奶糖和娃哈哈AD钙奶，可免费品尝
4. 小人书与老式拨盘电话，有没有一种穿越了的感觉

致客人的一封信，其中有一句话深得我心，"因为我们知道，虽然您有挥之不去的怀旧情结，但是您对生活品质的追求丝毫不会因此而降低"。客房内的用品皆为四星级饭店的配置，其中洗漱用品为宝洁的旅行套装，不仅可在店内使用，更可装进旅行箱伴随旅途，由此更可见酒店无微不至的关怀与贴心。

酒店外一条街的距离就是国子监，两旁皆为粗壮的古树，晨曦微朦，那红墙绿顶相间的古建筑让人不禁想象百年前进京赶考的学子在此奋笔疾书以取功名；稍稍走一段路便是雍和宫，金碧辉煌、巍峨壮观，清风拂过，似有佛经传达耳畔。这家老胡同里的酒店，不只是对往昔岁月的怀念，更是对此时时光的珍视，只愿在此的旅途也会成为记忆里美好难忘的一段回忆，在往后的时光里历久弥新。

📍 客栈资讯

地　　址：东城区方家胡同46号院
电　　话：010-64032288
预订方式：网络/电话
房间价格：360~400元

# 茶米手作
## ——回得去的曾经

做手工的过程往往会给人幸福感，或许是具有亲自参与的仪式感、或许是回忆起曾经的某个瞬间。茶米手作，是位于方家胡同中的一家手作工作室，小小的橡皮经过描绘、雕刻、印染，变成独一无二的专属印章；五颜六色的纸张经过折叠拼凑，成为一幅立体的作品。这里就像一间魔法小屋，让客人用双手创造着梦想。

◆ 店铺特色

- ◆ 温馨可爱的手作小店
- ◆ 充满回忆的橡皮章
- ◆ 神奇的热缩片
- ◆ 艺术范儿十足的衍纸

### 曾经的我们都是手艺人

在那没有手机、没有平板电脑，一张拍画儿、一颗弹球都被视作珍宝的年代，孩子们手上的玩具并不多，其中好些都是自己找乐动手制作的，放在以前这叫"手工"。还记得小学时，学校曾有过最受同学欢迎的科目评选活动，位居前三名的依次为手工课、美术课、体育课，手工课可谓是众望所归。折纸、木工、橡皮章是手工课的经典课程。离开小学校园后，似乎再也没有碰过剪刀、画笔，现在想想，之前熟稔的纸飞机也折不出来，空留了一段回忆。

方家胡同有家名叫茶米手作的DIY小店，绝对可以唤起"80后"手工制作的温暖回忆。

店面原木色框的落地窗简洁而明亮，给人一种日式小店的感觉，店内面积不大，

手作小店还提供明信片代寄，挑选一张喜欢的明信片从胡同里寄出吧

只有五张工作台，但第一次来的客人丝毫感觉不到空间的局促，因为大家的视线已然被墙上形象各异、色彩斑斓的作品所吸引。这些精美的手工作品仿佛小天使一般散发着光芒，吸引着客人一探究竟亲自尝试，如说这里是手工爱好者的天堂也毫不过分。

## 回得去的时光

这里最基础的课程就是制作橡皮章。很多第一次来的客人，一开始毫无下刀的思路与勇气。好在漂亮、可爱的老板一直从旁指导，从描图到刻画，老板无比细心，客人也无比专心，在一笔一画一雕一刻的细微动作中，仿佛回到了年少时，坐在明亮的教室里，沉浸于手工课的时光中。当最终刻好成品，涂上印泥盖章的时候，每个人脸上都有莫大的成就感，那种发自内心的笑容和满足好似纯真无忧的孩童收到了老师的夸赞一般。

除了橡皮章这种接地气、能唤起大家回忆的手工品外，老板还引进了其他国内外最为流行的手工作品课程，比如神奇的热缩片以及美轮美奂的衍纸。

热缩片的制作过程并无太多特别之处，是在纸上画上自己喜爱的图案。最后才是见证神奇的时刻，热风枪一吹，图案左卷右卷就缩了好几圈，变得小巧可爱，老板还可以帮忙做成冰箱贴或是钥匙坠，挂在家里或送给亲朋好友，也算是不错的纪念品。

| 1 | | |
|---|---|---|
| 2 | 3 | 4 |

1. 一对学生模样的情侣在刻制橡皮章，一笔一画十分仔细，像是经营着爱情
2. 美妙的衍纸作品，也是小店手作的一种
3. 制作好的橡皮章成品，每一个都有一段专属记忆
4. 橡皮章作品展，满满都是创意

衍纸绝对是近两年才兴起的一项高大上的手工技艺，其成品堪称艺术。小纸条经过卷纸器的加工，拼贴成设计好的图案，五颜六色的小纸条使得图案更为多彩、立体，与不同色彩的画笔创作相比，衍纸从不同角度看都更为生动。

往往在全神贯注的制作中才发现时光最是经不住流逝，屋内屋外又仿佛是两个不同的时空，屋内是无忧无虑沉醉于手工之乐的曾经，屋外是整日忙碌事事思虑的当下，何不打开这扇时空之门，偷得一些昔日时光。

📍 店铺资讯

地　　址：东城区安定门内方家胡同74号
电　　话：15810069314
特色推荐：橡皮章、热缩片、衍纸

# 好白商店
## ——白色的就是最好的

有一种颜色，涵盖了光谱内所有的可见光，却纯洁无瑕，给人平和、质朴与恬静的感觉，那就是白色，最原始、最神秘、最具魅力的色彩。国子监街有一家小巧的店铺，名曰『好白』，店内皆为白色物品，有首饰、植物、花器。初夏时节步入其中，仿若置身于一个银装素裹的冰雪世界，令人心生清凉。

◆ 店铺特色

- ◆ 小巧而精美的白色生活空间
- ◆ 售卖国内外白色创意物件
- ◆ 有一张桌子的雅座可以休憩
- ◆ 有一只白猫名叫"好白"

### 这里是白色的生活空间

初夏时节的国子监充满了生机，路两旁的老槐树已经长满了碧翠的新叶，形成天然的拱形，遮挡着依旧火辣的夕阳。阵阵晚风吹来，空气中带着植物的芬芳。这时候，或有一把摇椅，背靠着老墙根，细数着透过林木洒落的阳光，丝丝缕缕之间享受最美好的时光；或去"好白"逛逛，一如置身于大雪纷飞的世界，清风明月，给人清凉。

"好白"是一家创意店铺，正如它的名字，一眼望去整个空间布满白色。白色墙壁、白色置物架、白色器皿、白色服饰，这里售卖的物品几乎都是白色，却充满了意想不到的小心机。纯净的颜色，给人治愈系的温暖，令人感动，令人沉醉。

白色的铁艺几何框架被透明的鱼线悬挂在半空中，仿若是悬浮在空中的魔法小屋，其中有柔和的暖绿色的空气菠萝，发了芽、开了花，小巧惹人爱，是这白色空间里的一抹点缀，也如冰原上顽强生长着的苔藓，展示着生命的可贵。

置物架上有一组装饰物名叫"身体的记忆"，那是一些白色的手模、脚模，有的摆

$$\frac{1}{2} \Big| 3 \Big| 4$$

1. 白色的铁艺几何框架被透明的鱼线悬挂在半空中
2. 如印上去的树叶一样，既是水杯也可做烛台
3. 好白商店，一家专门搜罗全球白色工艺品的特色店铺　　4. 店内的休息区

出胜利的手势，有的摆出OK的手势，有的紧捏着手指，并无过多的文字说明，不同的欣赏者皆可加以想象，做出自己的理解。

白色的手指模型，指甲上涂染了艳艳的红色，就像是童年时期第一次偷偷涂指甲油，内心充满了小忐忑；白色的衬衫简洁大方，似乎还有阳光的味道，突然想念起17岁那年并排骑着单车的少年；白色的毛巾与浴巾整齐地摆放在架子上，一如被妈妈整理过的家里，干净又明亮；还有桌上的搪瓷奶锅，让我想念起当我孩童时，妈妈耐心地在炉边给我煮着牛奶的模样。

好白，不仅是一家售卖白色物品的创意店铺，这里纯净的颜色，令人不禁回忆起，那些从记忆中涌现出来的五彩斑斓的画面，温暖、美好、纯真、欢乐。

## 这里还售卖好时光

好白商店不仅售卖商品，还售卖好时光。

店内有一张原木色的长桌，一开始还以为是工作台，后来才知道，原是一处休憩处。来此逛店的客人可以要上一杯红茶或咖啡，配上一个白色马卡龙，静静消磨一下午的时光。

摆放在书架上的书籍最是不容错过，世界各地精选而来的独立书籍，除了封面是统一的白色外，内容也十分文艺。

这里的甜品也是颜值高、味道好，只是好似并不固定生产，每次去的时候都不相同，上次是草莓慕斯蛋糕，这次是白色的果粒牛轧糖，正因很难尝到相似的味道，才让每一次探访都变得与众不同。

如果运气好，还会遇到一只名叫"好白"的白猫，这次去的时候并没有见到它，不知道躲藏在哪个小角落里静静感受美妙的生活呢。

📍 店铺资讯 ————————————————

地　　址：东城区安定门内国子监街67号
电　　话：13811084704
特色推荐：世界各地收集而来的白色商品、空气植物

## 红叶拾楠

### ——永不分手的合约

若是看过白百何和彭于晏主演的电影《分手合约》，自是对其中的咖啡馆印象深刻。黑色梁木、纷飞的雪花，一黑一白的色彩见证了一段美好又让人心疼的爱情。位于方家胡同46号院的红叶拾楠是该电影的取景地，无论怎样的分分合合，曾经的爱都是永恒的，永不剧终。

◆ **饮品店特色**

◆ 有座椅有软榻，可静坐可闲聊
◆ 《分手合约》取景地，大雪纷飞时可百分百还原剧情
◆ 宽敞的天台上，秋天里的红叶石楠火红一片

### 一株红叶石楠，一份分手合约

白百何和彭于晏主演的电影《分手合约》中有一家咖啡馆让人印象深刻，在昏暗的灯光下，何俏俏与青梅竹马的李行签订了5年期的"分手合约"，5年后他们欢喜再见，依旧在这家咖啡馆，李行再次求婚，那时却不曾想到他们的幸福将要走到终点。半年后他们因疾病永远"分手"了，李行盘下了这家见证了他们爱情的咖啡馆，坚守着一份跨越时空的"约定"。

剧中的咖啡馆取景自方家胡同46号院的"红叶拾楠"，去的时候不是冬天，没有剧中纷飞的白雪，但恰逢红叶飘零，天台上红了一片。

最早知道这家咖啡馆并不是因为《分手合约》这部电影，还要从它的前身说起。咖啡馆原名参差咖啡，要是你读过畅销书《就想开间小小咖啡馆》，对它便不会陌生，作为参差咖啡馆的第一家店，从最初的设想到选址、装修、定位，书中都做了翔实的介

店内有限的空间使得百合的芬芳肆意飘散

绍。最后创始人之一，也就是书的作者王森先生选择了退出，并非因为俗气的剧情——合伙人不和，而是出于对咖啡馆本心的热爱。

后来新老板小南的加入，便有了为咖啡馆更名的想法。店主曾在豆瓣小组上征集网友们的意见，单从豆瓣投票来看，红叶拾楠并不是票选率最高的那个，但或许投票前店主心里就早已有了答案。

红叶拾楠源自咖啡馆种下的一棵树，"春秋两季，红叶石楠的新梢和嫩叶火红，色彩艳丽持久，极具生机。在夏季高温时节，叶片转为亮绿色，给人清新凉爽之感觉。我们喜欢植物，今后店内外的布置也会以植物为主。树和花都是生命，这是我们喜爱自然的一种表达方式。"

## 年年岁岁花相似，岁岁年年情不同

咖啡馆里随处可见盛开的鲜花插在透明的花瓶中，简单随意却充满情趣。屋内正中长条形的木桌上，几枝鹅黄色的百合正在绽放，清新淡雅，一页一页翻书间便可嗅得暗香浮动。

座位甚是特殊，除了平常木质桌椅外，还有软榻，可窝在窗边一角，独自抱本杂志喝杯咖啡，或是两三知己品味花茶轻言细语聊聊近况，惬意随心如在家一般。

二楼天台开阔，摆满了绿植。而咖啡馆名字的原型红叶石楠便长在天台一角，红叶

1 | 2
1. 天台上拍照的姑娘一袭红衣，与背后的红叶石楠颇为合拍
2. 电影《分手合约》海报，红叶拾楠见证了他们的求婚、分手与相聚

早被秋风吹落了满地，有种萧瑟却唯美的意境。晚秋时节，空气略微有些凉薄，天台上客人并不多，有男孩带着女朋友在这里拍照，嬉嬉闹闹，甜蜜不用言语已蔓延在天台每个角落。看到这幅场景，不禁想起《分手合约》里李行对俏俏说："因为受过伤，才对感情变得更加小心翼翼，也正是因为受过伤，才让他们之间错过了更多本该在一起的时间。所以，感情让人成长，也容易让人变得畏首畏尾，我们能做的只是抓住瞬间、珍惜眼前。"

坐在这家小小的咖啡馆里，夕阳慢慢落下，仿佛可以看到时光流逝。绿影摇曳，花香丝丝缕缕缥缈而来，翻看了一页书，文字恰好正中心怀，立即理解了村上春树书中所说的"小确幸"。何止是爱情需要抓住瞬间、珍惜眼前，对待生活本身也是要时时珍惜，如此才是对待人生一世最端正的态度吧。

## 📍 饮品店资讯

**地　　址：** 东城区雍和宫大街方家胡同46号院
**电　　话：** 010-84002673
**人均消费：** 45元
**特色推荐：** 美式咖啡、柠檬茶、芝士蛋糕

# 双城咖啡
## ——故事开始的地方

每一天，在每个城市的每一间咖啡馆，都会发生无数暖心的或者悲伤的故事，有关友情，有关爱情。双城咖啡也不例外，只是在众多故事中，我有幸亲耳听闻，坐在对面的女孩娓娓道来，如同我亲眼见证了一般。双城咖啡，不仅是北京和中国台湾两座城市的桥梁，更是人与人之间交流的平台。

◆ 饮品店特色

◆ 台湾手作、特产与文化
◆ 定期举办电影文化沙龙
◆ 最适合听故事的咖啡馆
◆ 有帅气又温柔的老板

### 最接近台湾的一扇风景

方家胡同的双城咖啡也许是京城最能感受到中国台湾文化的咖啡馆，店铺的招牌上有交错的"双"字，独特的创意字体体现了这家咖啡馆的与众不同。

老板是两位台湾人，阿哲与叶子。作为台湾大学建筑专业的高才生，在一座完全陌生的北方城市开一家咖啡馆，这对很多人来说是一件无法想象的事情。咖啡馆的成立也颇有传奇色彩，有一天两位老板在出国的飞机上，随口说了一句："不然，我们去北京看看吧。"就这么一句不经意的聊天却成就了后来的双城咖啡馆。

推开红色的铁门，首先映入眼帘的是琳琅满目的台湾本土特色产品。从金门梅子高粱酒、台湾最好喝的原生态茶叶B&G tea bar到知名导演蔡明亮经营的蔡李陆咖啡商号手冲咖啡，台湾味道近在咫尺。这里更有台湾元素的文化创意产品，从手绘台湾风景明信片、手绘宝岛地图、玻璃生态小屋，到色彩缤纷、绚烂的冰箱贴、手机壳，这里的每一件物品仿佛都带着太平洋的暖风，吹来台湾的气息。

1 | 2 | 3 1. 在咖啡馆工作的人，总会有种超脱世俗的祥和，平静地享受着每一秒时光
2. 民国经典款绿罩台灯，浓厚的复古情调

　　咖啡馆的主体建筑是曾经的老厂房，现已被改造成为复式二层的空间，一层排列着几个低矮的书架，上面摆放着五颜六色的书籍，《Taipei, day and night》《厨房机密档案》《孤独美食家》《开一间小店，大步实现生活想法》，有关台湾、有关美食、有关旅行、有关梦想，可不要小看了这些书籍，其中大多是两位老板从台湾地区亲自挑选背回来的。书架上非主流、小众或是独立出版物也占据了不少的空间，新颖的题材、独特的角度，传递着最新鲜、地道的宝岛文化。

## 来这里听一场故事

　　独自一人，选了个靠窗的位置，要上一杯简单的美式咖啡，随手拿上一本介绍台湾地区的书，静静翻看。走来一个女孩，她面带歉意礼貌地问我："请问，可不可以坐在你对面的位置？"我抬头，环顾了一下四周，因不是周末，来此的人并不算多，还空着不少座位，我虽点头答应，倒也是有些好奇。

　　她从包里拿出一张明信片，认真地写着，时而停顿时而微笑。终是忍不住好奇，我还是开了口："那个，您为什么一定要坐在这个位置呢？"女孩先是一愣，然后笑了笑，我连忙说："没关系，你也可以不说，我只是好奇。"

　　女孩拢了下头发，依旧是笑："其实，可以告诉你的。"

　　一年前，女孩来此旅行，在店里的商品区看到一款心仪的徽章，挑选的时候在两款之间犹豫良久，正在思虑之时，其中一件正好被在此挑选信物的一位男生拿起来买了去，因店里只剩最后一件，女孩终是没有找到另外一个一模一样的，让她甚是懊恼。

　　女孩第二天又来到咖啡馆，想象着如果可以遇到昨天的男生一定要鼓足勇气，问他

3. 门口的铁架上售卖有来自台湾的特产与文创品，美食与思想总是最通人心

可不可以把徽章卖给她。如同电影《缘分天注定》一般的情节，男孩真的又来到了这家咖啡馆。听到女孩的描述后很是大方，将徽章作为礼物送给了女孩，两人也因此交换了联系方式，并一直联系着。

女孩说："那一天，我就是坐在现在的位置上。今天出差路过这里，不管怎样都是要再回来看看，给他也写上一封明信片，拍个照片留作纪念。"

我问她："那你们最后成了恋人？"

女孩依旧是笑，摇摇头："哪里有这么浪漫的剧情，我们现在只是普通朋友而已。我们在不同的城市，有不同的生活，虽然共同爱好也有很多，但也仅仅是朋友，后来再也没有见过。"

我点点头，是我想得太多。其实这样也不错，这样才是最真实的生活。偶然的相遇、一段难忘的旅程、平淡如水的友情，谁说只有爱情才是偶遇的归宿？

故事听完，咖啡也喝光，胡同里的路灯渐渐点开，洒落下微黄的光晕，忍不住想要赞叹，看，多美好的时光！

## 📍 饮品店资讯

**地　　址：** 东城区安定门内大街方家胡同46号
**电　　话：** 18610798579
**人均消费：** 50元
**特色推荐：** 柠檬乳酪蛋糕、杏仁奶酪、冰酿咖啡

# 糯言酒馆
## ——诗酒趁年华

花开半佳，酒饮微醺。灯火通明的簋街附近，有一酒馆大隐于市，名曰糯言。独具匠心的自酿米酒与雅致的中式格调，颇有唐宋酒肆的遗风。「酿造是时间的艺术，慢品让灵魂重返自然。」如你在酒瓶的封口处看到如上话语，便知这家酒馆与众不同的姿态。

◆ **饮品店特色**

◆ 自家精酿糯米酒
◆ 一处安静的酒肆
◆ 一个慢生活体验空间
◆ 一段美好的爱情故事

## 唐宋酒肆遗风

昔日游至西安，有幸结识一位长辈，其以周秦汉唐为名开了四家酒肆，精致菜肴配以自酿浊酒，置身其中，颇有古韵遗风。当时正是寒冬，暮色苍茫，一情一景如白居易《问刘十九》诗中所述："绿蚁新醅酒，红泥小火炉。晚来天欲雪，能饮一杯无？"

回京后忙忙碌碌，因着应酬也去过些酒吧、酒馆。看人们在酒局饭桌上觥筹交错，称兄道弟，复杂的情感在酒精的作用下膨胀、飘忽。此时总是会想起在西安的那次际遇，一家雅静小馆、一壶温酒、一位好友，可推心置腹静坐小酌。

遇到糯言着实让人惊喜，甚至有些感动。酒馆外葱绿的翠竹，似有流水之声，竹木编制的灯笼似的招牌上有大大的墨字"酒"。酒馆由茶庄吴裕泰的老房子改造而成，已有70余年的历史，屋顶的梁木依旧，依稀可见时光的痕迹。一层朦胧白纱，将一楼大厅分割成两个空间，一边是掌柜的前台，木质桌椅的厅堂；一边是柔软的沙发，可两三好友相聚。绿植萦绕，酒香四溢，仿佛回到唐宋之间，无关风月，只品诗词。

酒已备好，把酒言欢可好

## 糯言同"诺言"，无声需细品

糯言酒，经历的不仅是时间的淬炼，还有酿酒师内心对一句诺言的执着、对爱的承诺。在糯言的官方网站上看到这样一段文字，"糯言品牌的创建人酿酒师黄禹先生，以对一位美丽女子的诺言为初心，传承了中国3000年的发酵酿酒工艺，倾注匠心于岁月，酿造出最美的东方甜酒，用糯言践行了对一个女人的诺言"。

据说黄老板用五年的心血与光阴，踏足中国各民间米酒产地，找寻千年发酵古方，改良传统甜酒曲，悉心钻研、用心酿造，才酿成了糯言酒。

简单纯粹的初心、对设计美学的理解、对承诺的执着，以及一颗因爱而生的匠心，一千余个日夜，糯言酒由此创造而生。

## 花开半佳，酒饮微醺

店内有五种口味的精酿可免费品尝，原酿、清酿、桂花、玫瑰、香草，口味清甜，入口绵滑，更有隐隐花香，颇有一番风情。

坐在酒馆的角落里，要上一壶糯言原酿，细细品味。店主贴心赠送了佐酒小食糯糯糖，外形如同话梅，软糯的饴糖包裹着香脆的花生，入口后散发出陈皮浓郁的香气。

1 | 2
  | 3

1. 天南地北的特色酒食，伴着清甜的糯酒，味蕾间更多几许滋味
2. "酒逢知己千杯少"，说的不只是推杯换盏的酒友，其实也是酒自身在寻找欣赏它的人。当每位客人落座后，酒保便会呈上五种口味的糯酒，寻得有缘人
3. 叫上一壶美酒，点三两小食，推杯换盏间渐入佳境。花开半佳，酒饮微醺

一颗糖一口酒，还有来自36个地方的特色酒食小菜，因这天南地北的佐酒小食，也难怪店主说来此不是异乡人客。

来此饮酒之人皆是小酌，两三知己，慢品闲聊，三杯两盏后，酒至微醺时，方见情真意切。

糯言打造的慢生活空间与其精酿的甜酒相辅相成。啤酒若水，度数决定了其不适合慢品；白酒似火，易忘我沉醉，难至微醺；糯酒如丝，清澈柔滑，令人如痴如醉，忘却世俗，重归自然。慢品间闲谈天地，一字一句更入耳入心。

店内的原酿更有微醺定制款，看到酒盒中有一段文字，不知是谁的故事。"微醺是，跟几个朋友去航海，偷渡到了泰国的一个荒岛边下锚，茫茫的大海和无边的黑暗中，六个人打开了船上最后一瓶酒，在摇晃的甲板上，全世界都找不到你的感觉，只有耳边深沉的海风和海浪声……"

## 饮品店资讯

**地　　址：** 东城区北新桥板桥南巷7号人民美术印刷厂院内

**电　　话：** 15652511819

**人均消费：** 110元

**特色推荐：** 五种味道的糯酒，天南地北各色酒食，糯糯糖

猜火车电影主题
餐厅
——白盒子的文艺范儿

如你步入方家胡同46号院，看到一座白色建筑，像个方正的白色盒子，那里便是猜火车主题餐厅。"热爱文化的人们必定热爱美食，热爱美食的人们必定热爱生活"。文化与美食，在这里交相辉映，为食客创造了难以忘怀的绝妙体验。

◆ 餐厅特色

◆ 云贵风味菜系，经典又有创意
◆ 不定期举行文化沙龙与讲座
◆ 夏日傍晚可观看露天电影
◆ 可举办文艺气息十足的露天婚礼

## 文化、美食与生活

"热爱文化的人们必定热爱美食，热爱美食的人们必定热爱生活。"

这是46号院内一家主打云贵菜系、名为猜火车的电影主题餐厅所倡导的理念。文化、美食、生活，三者息息相关，文化作魂，美食待客，二者交汇，来此的客人体会到的是一种惬意的生活状态，此种感受非购物中心内的餐馆所能营造，也非无生活情趣的人所能体会。

餐厅位于厂区中央，前厅的建筑外形犹如一个悬浮在草坪上的白色盒子，与后面原机床厂的老仓库在形式与年代上形成了强烈的反差，一棵挺拔的松树被和谐地包裹在白盒子中，现代建筑与自然的有机结合体现的是设计师独到的用心。

白盒子前是一片翠绿的草坪，店内有时会承办户外婚礼，多对新人在此携手启程，

| 1 | 2 |
|---|---|
|   | 3 | 4 |

1. 爬满藤蔓的砖墙和贯穿其中的老树是最好的背景墙，许多新人走过餐厅前的草坪，步入幸福的殿堂

走向幸福，演绎着属于自己的爱情故事。西面是经厂区礼堂改造而成、形似红宝石的尚剧场，北面是哥伦比亚大学北京建筑中心，南面是一面巨大的LED屏，夏日晚间，餐厅会在屏幕上播放电影。不同的文化在此交相辉映，赋予了这座老厂区鲜活的生命力。

餐厅以云贵菜为主，融入了一些东南亚料理的思路与手法，菜品精致有型、味道独特。

## 高速行驶，缓慢生活

自2008年至今，猜火车已走过七年时光，说起店名的来历，很多热爱电影的人可能会想到那部青春叛逆的同名电影，但从这家店文化艺术的氛围中又难寻那种极端的疯狂。其实在飞驰的青春岁月里每个人都曾叛逆过、疯狂过，紧张而刺激的岁月淡去，更需在往后的生活中放慢脚步，感受隐匿在生活细节中的小美好，一如店内小册子中的一行文字"高速行驶，缓慢生活"。

猜火车不仅是一家餐厅，更是一家文化沙龙。自开业之日起，已有几百场大大小小的电影话题沙龙、观影会在此举行，光影在此汇聚，思想交织碰撞。更有诗歌、戏剧、音乐等多种文化形式的交流活动。在盛夏时节，店外草坪旁的LED电子屏常有精选的影片放映，与亲朋好友相聚在此，品味美食，欣赏电影，也是种难得的体验了。

2. 餐厅内有一面照片墙，上面展示着多年来在此进行过的文艺沙龙
3. 二层空间有一面墙的书籍，供店内员工及用餐的客人阅读，随处可见文艺气息    4. 露天电影

　　最开始，猜火车是一家开在望京的酒吧，后来搬入方家胡同，始终不变的是对文化的发掘、传播，正如店主老贺所说，文化是这里的灵魂，而餐厅只是一种载体。放眼当代，众多餐厅、咖啡店、酒吧为了独特而"独特"，而猜火车却反其道而行，更为纯粹如一。

　　端坐店中，人们来来往往，品味着文化、美食与生活。一街之隔的国子监蕴含着浓厚的传统文化，雍和宫则传承着千年不变的宗教信仰，胡同里的老北京居民传承着京派的生活方式，多元文化在这里碰撞、交融，展现着北京新的风貌。


📍 餐厅资讯 ——————

地　　址：东城区安定门方家胡同46号院内
电　　话：010-64060658
人均消费：90元
特色推荐：酸菜炒汤圆、椒香野生菌、薄荷牛肉卷

# 平湖居比萨
## ——美味且需深巷寻

一间小小的客厅里摆放着两张桌子，有一只大胖猫在呼呼地睡着懒觉，书架上摆满了书，光线也柔和得刚刚好。烤薯皮与比萨已经摆在桌上，空气里弥漫着食物的香味，是不是有种去老友家做客的感觉？位于方家胡同的平湖居比萨就是这样一家小馆，平常的空间里却有着不寻常的味道，平凡的时光里却有着不平凡的故事。

◆ 餐厅特色

- ◆ 家庭式的客厅小馆
- ◆ 低调到找不到招牌
- ◆ 有位大肥猫员工，名字叫"眯瞪儿"
- ◆ 美味的烤薯皮和比萨

## 没有招牌的比萨店

方家胡同里有一家十分不起眼的小店，叫作平湖居。深藏在民居之中，红色的木门都不够半米宽，朴素得连招牌都没有。轻敲木门，有人低声回应，老板娘礼貌地开门招呼，这种感觉不像去一家餐厅用餐，倒像是去访一位好友。

店主是一对做设计出身的夫妻，两人放下原本的工作，开了这家西餐小馆，并且事事亲力亲为。选购最新鲜的食材，用原创的工艺加工烹调，呈现给食客与众不同却饱含情感的美食。这是好多人梦想中的生活场景，故虽然店内空间狭窄，仅容得下三张桌子，却让人有种只羡鸳鸯不羡仙的感觉。

店里的灯光没有咖啡馆那般昏暗，如家里一般。墙上有一个架子，摆满了各种类型的书籍，等餐的时候可以随手翻阅，客人总是可以挑到心仪的那一本。墙面上悬挂着老板娘出游的照片，还有老板和大肥猫的照片，满满都是生活中美好幸福的记录。有意思的是，两幅手绘海报皆出自老板娘手笔。一幅是二人的自画像，一人掌勺，一人拿着算

1 | 2 　1. 这是一家独居深巷却没有悬挂招牌的小店，却用味道赢得了那句"酒香不怕巷子深"的
　　　　美誉
　　　2. 里屋小包间，空间不大却很温馨

盘，再配上一句"北京人的店为北京争光"，可谓是对店内生活最真实的写照——老板娘负责服务接待，丈夫则钻进厨房专心烹制美味。另一幅则是二人的卡通熊猫像，一对心宽体胖的熊猫幸福地依偎在一起，坐在树枝上，眺向远方。

　　有趣的是两幅画中少不了一只雪白的大肥猫，严格来说它可是这家店的元老。大肥猫名叫"眯瞪儿"，因为这是个天天睡眼惺忪、小憩不断的主儿。若是细心，你会发现，它的由来早已被印在了菜单上，"眯瞪儿"从小被人抛弃，一日流浪到胡同路过店门口，于是为了一口好吃的，就签了永久性劳动合同，职责嘛便是每日没精打采、迷迷瞪瞪地卖萌揽客。看看，这小家伙真是得了便宜还卖乖。

1│2　　　1. 一个爱肉的朋友说他最享受的是煎烤培根的吱吱声，而我独爱比萨上厚厚的芝士拉丝，
　　　　　　所以有时结果不重要，开心地去享受美好的过程吧
　　　　　2. 店内招牌美食——奶酪培根烤薯皮，"咔嚓""咔嚓"好吃又有趣

## 美味而温馨的用餐时光

店内主营西餐，意式薄饼比萨、美式铁盘比萨以及沙拉、汤品、小食，样样都令人称赞。比萨上浓厚的芝士可以拉出长长的丝来，丰富的馅料，一口下去绝对满足。而镇店招牌菜为"奶酪培根烤薯皮"，浓厚的芝士包裹着软糯的土豆泥，其间又散发出培根的熏香味，最妙的是底部焦脆的马铃薯皮，真是可以听见"咔嚓"的酥脆声，这烤薯皮实在是来此必点的明星菜。

相比大型连锁餐饮，这样的小店更为暖人心。烹饪的美好，有时与食材珍贵与否无关，与技艺精湛与否也无关，店主更在乎的是享受烹饪的过程与食客脸上满意、享受的表情。在这家小小的比萨店，不单可以品尝独特美味的菜肴，也分享着主人们的故事，见证着他们的幸福。

三张餐桌实在有限，提前预约才更保险。虽然店铺隐秘，不熟悉的人要一阵好找，但老板娘会给预约的客人短信发送详细的店铺位置指引，再也不怕找不到，对店主的贴心要给100个赞。

📍 餐厅资讯

地　　址：东城区安定门方家胡同56号
电　　话：13910791201　13701224944
人均消费：70元
特色推荐：奶酪培根烤薯皮、土豆培根比萨

# 源和料理
## ——胡同里的日料小馆

记忆中很多日本影视剧里，总会有深处小巷、门面小小的日料小馆或居酒屋。无论是久居在此的街坊邻居还是提着公文包路过的上班族，都会把这里作为傍晚的归宿，享用一份简单却温暖的定食，喝一杯温润柔和的小酒，忘却一天的焦虑与烦恼。源和料理就是这样一家日料小馆，简约的装修、精致的食材、暖心的服务，让置身其中的食客感受到生活中的小美好。

◆ 餐厅特色

◆ 日式简约风格，简单却让人安心
◆ 好吃的鳗鱼饭，色、香、味俱全
◆ 清酒与日式小食，满满和风味道
◆ 用心的掌厨老板与贴心的老板娘

### 是烹饪也是艺术

方家胡同入口处有一家小小的日本料理店，名曰"源和"。初冬的夜晚，雾霭朦胧，一盏微黄的灯笼点起，如同深夜食堂般温暖，让人忍不住想要进去坐一坐，来上一碗鳗鱼饭，安下心来享受美食。

店内灯光柔和，此时最好来杯小酒，一口一口慢慢喝，席间可与朋友、老板闲聊畅谈，用心体会传统日本居酒屋文化的精髓。

话说吃日料来这种小店才别有一番风味。小小的店面仅能容纳8人，长长的餐台围绕在料理台边，食客可以近距离欣赏厨师料理食物的操作过程，可谓赏心悦目。日本料理烹饪手法简洁、干脆，每一个动作不单是为了把控菜品的质量，更是对眼前顾客信任的回报与对食材的尊重。

老板娘一直静立在门边，时不时为顾客斟上茶水，细声细语的声调使得服务更显温柔体贴。老板则在台前有条不紊地料理着各种食材，以不同的料理技艺制作着每道

1 | 2 | 3 | 4
  |   | 5 | 6

1. 这家源和料理有着胡同里最朴素的店面，却做出了最令客人满意的味道
2. 钟爱日料小馆的原因就在于可近距离欣赏厨师的技艺
3. 餐盒中井然有序的食材，每一个平凡的细节不仅是对客人，也是对食物的尊重

如艺术品般的菜肴，举手投足间动作连贯有序，没有丝毫犹豫。如果说镁光灯下舞者轻柔的身姿是一种唯美的艺术，那么老板料理的手法同样是一种刚毅果断的艺术美。每道料理处理完毕，老板会礼貌地端到食客桌前，并习惯性告知，如"您的鳗鱼饭，请慢用"。

## 美味且须静静等待

店内售卖的食物简单精致且美味。鳗鱼饭是必点菜品之一，刷在鳗鱼上的酱汁红亮喜人，不仅盖住了鳗鱼的腥味，还十分可口，烤制的鳗鱼外焦里嫩，微微的甜味更丰富了味蕾感官。店内鳗鱼用烤箱烤制而不是明火，这与传统日式鳗鱼饭制作方法略有不同，但味道上还是要胜过很多连锁日式料理店。我一直相信，烹饪技术只是锦上添花，只要怀着美好的心情和对食材尊敬的态度，料理出来的食物口感一定不会差。

4. 喝咖啡可以没有咖啡伴侣，喝酒断不能没有小菜！佐酒小菜——辣鱿鱼骨

5. 谁说喝酒是男人的专利！来壶梅子酒与闺密小酌一番

6. 有什么比按气泡膜更让人欲罢不能的？咬破Q弹的鱼籽绝对算一个

　　由于店里只有老板一人料理食物，所以出品的食物可能需要食客耐心等待。欣赏着厨师认真、流畅的料理过程，心怀对美食的期待，静静候餐的时光也变得美好起来。

## 📍 餐厅资讯

地　　址：东城区安定门内方家胡同71号

电　　话：13521616615

人均消费：140元

特色推荐：鳗鱼饭、辣鱿鱼骨、三文鱼奶酪卷

胡同食堂

——胡同里的江南「家宴」

既暖心又好吃的小食堂，一份红烧肉套餐会分分钟俘获你的心。位于方家胡同的胡同食堂是一家小餐馆，蓝底印花的桌布、竹条编制的吊灯，让人一不小心就会产生误入江南水乡的感觉；曼妙的绿植与小黑板，增添了文艺的气息。隔壁家的小狗不时会过来串门，摇着尾巴帮忙招呼客人，让局促的空间平添了不少欢乐。

◆ 餐厅特色

◆ 甜而不腻的红烧肉是江南家常味道
◆ 微缩版的"满汉全席"
◆ 活泼的拦路狗，名字叫"小野"

### 小狗来拦路，带你寻得江南味道

如果哪天你漫无目的地在方家胡同溜达，恰好为吃什么发愁时，却突然被一条热情奔放的小狗拦住了去路，那你就暂且歇一歇，走进旁边的"胡同食堂"吧。

"胡同食堂"是一间仅有六张小桌的温馨小馆，做的是固定几样简单菜品组成的米饭套餐，搭配番茄鸡蛋汤、一小碗水果、一小碟干果，感觉颇似日式餐馆里的定食，营养搭配很是合理，色泽也赏心悦目。

蓝底印花的桌布、竹条编制的吊灯、挂在竹筐里的绿萝，虽身在北方胡同，却恍惚间有误入江南水乡的感觉。后来得知，老板来自紫砂壶的产地江苏宜兴，如此江南气息的布置也便丝毫没了突兀之感。

正要点餐时传来了敲门声，回头一看原来是刚才那条"拦路狗"，老板娘走过去替它开了门，它倒是轻车熟路地走进后厨转了圈，后又溜达到我旁边。老板娘说它叫小野，是邻居家的狗，也是店里的常客，正说着要让它快快回家，谁料它竟然四脚朝天躺在地上耍起赖来，任老板娘怎么拨弄也不走，就如狗皮膏药一般黏在地上，最后还是向

1│2　　1. 都市中难寻我耕田来你织布的田园生活，而我掌勺你算账的日子也同样朴实温馨
　　　　2. 蓝色蜡染的桌布为餐厅增添了几分素雅

老板娘讨了一块猪肝才摇着尾巴满心欢喜地走了。

## 微型"满汉全席"

红烧肉套餐是店里的招牌，精选层次分明的五花肉，肥而不腻，软烂入味，味道偏江浙一带的甜口；盘中作为配菜的油菜每一棵形状都很饱满，看得出店家是精挑细选、良心制作；干果碟内有着花生、腰果；水果碗中也有哈密瓜、橘子、圣女果等好几样；飘着些许油花的番茄鸡蛋汤上散落着小葱末。这一桌五颜六色、多种多样的食材组成的套餐真是既养眼又养人，怪不得有客人开玩笑地评价这里的套餐是微型的"满汉全席"。

临走时又进来两位食客，二人刚落座准备点餐，门外又传来了敲门声。好吧，准是小野又来了。如此画面拍成动画，定是要给它补一段台词："开门，开门，让我看看你们点的什么！我给你们推荐红烧肉，我最爱吃红烧肉……"

走出店门还能看见小野在地上耍赖讨食吃，老板和客人笑得合不拢嘴，如此一幅其乐融融温馨的画面一定常常在此上演。

如果哪天你在胡同里被小野拦住，如果你不讨厌它耍赖，那就进去尝一尝大受好评的"满汉全席"吧。

## 餐厅资讯

地　　址：东城区方家胡同34号
电　　话：010-64457497
人均消费：25元
特色推荐：红烧肉套餐、糖醋小排套餐

# 五道营胡同
## 诗意在这里栖居

　　五道营胡同，明清时曾为屯兵之所，因从东直门至安定门共设有五道兵营，此地为第五道所在，故而得名。

　　相较于成名已久的南锣鼓巷，五道营胡同算是后起之秀，却更为安静、个性与惬意。巧嘴的八哥与院门口坐着马扎侃大山的大爷大妈，青春时尚的游客与金发碧眼的外国友人，在这条胡同里交相辉映却又互不影响，因此老胡同在保留着浓浓的京味儿的同时又透着时尚、青春的国际范儿。

　　在这里的时光温暖而浪漫。从胡同东口出发，先去觀品尝一尝最为新鲜创意的中式甜品，或去糖水鲸坐一坐，来上一份地道的双皮奶；路过另存为一定要进去仔细瞧一瞧，透着年代感的物件总是会给你特殊的感动；蓝白色地中海风的Sirena海妖与Sirena猫宿是晚间最不可错过的酒吧与客栈；和风小馆三友町里有松软可口暖化人心的碎鸡饭；累了可去沐茗尝一尝咖啡，逗一逗猫咪；若是喜欢清静，印格时光里温润醇香的酥油茶定会让你满心欢喜。

　　如果生活是座花园，每日劳劳碌碌穿梭其中的人们，就如翻飞于花间的蝴蝶，偶尔也会迷失方向。找个闲时的午后，在五道营里的小店坐上一坐，来杯咖啡，静静倾听一下自己的声音，方能寻找到内心想要停留的那朵芬芳。

五道营胡同里有一家地中海蓝白色调的三层小楼，开放式的露台上繁花似锦，有十几只各色猫咪慵懒漫步，两只白色萨摩耶追逐着一条小土狗。坐在木椅上喝一杯猫咪咖啡，或躺在客房里的蓝色沙发上翻看一本杂志，虽身处闹市，却远离喧嚣，仿若时光都带着惬意。这里是Sirena猫宿，五道营最不可错过的驿站。

◆ 客栈特色

◆ 地中海风格的房间
◆ 超大超美的露台
◆ 两只萨摩耶呆萌可爱暖人心

### 小猫咪的世外桃源

　　Sirena猫宿是一家地中海风格的民宿，处在五道营胡同中段，蓝白色的三层小楼很是显眼。路过的时候，可能会被突然蹿出的两只白色萨摩耶吸引，雪白的颜色、蓬松的毛，似两个移动的大雪球，天真无邪的笑容让人倍感温暖。如果走上天台，会发现那里是猫咪的乐园，各色的猫咪悠闲地踱着步子，甚是骄傲，在花盆里、地板上、桌椅间躺着、趴着、跳跃着，遇到喜欢的客人，就黏在客人身边不动了。微风袭来，花影摇曳，弥漫着芬芳的露台俨然成为猫咪们的世外桃源。

　　客栈初始经营时并未打算以猫咪为主题，猫咪的聚集不仅是缘分更是爱意。这里的猫咪并不是什么名贵的品种，大多是流浪在胡同里的小野猫，其中有胆大的时常来客栈溜达，老板不愿驱逐，施以猫粮，日子久了猫咪们变成了客栈大家庭中的一员，在这里久居起来。

1. 在露台上，可见胡同里绵延的灰瓦　2. 天台里的小角落，充满了小清新的味道
3. 床位也十分干净整洁，床下的抽屉可以收纳各种小物件

　　坐在露台上，晚风袭来，点上一杯猫咪咖啡最好不过。猫咪咖啡的味道与其他咖啡并没有太大差别，只是浓密的泡沫上浮着可爱猫头图案的拉花，尖尖的耳朵、几条小胡须、溜溜的圆眼睛，虽然简单，倒是活灵活现的。咖啡的香味有时会吸引猫咪，很是好奇地凑过来想要尝一尝。喝着咖啡，逗着猫咪，也许，这才是猫咪咖啡最好的品尝方法吧。

　　这里除了猫咪小主外，两只萨摩耶也深受客人喜爱。不似猫咪总是在天台活动，它们雪白的身影可能出现在任何一个角落。突然跑到街道上闻一闻对面店铺的花朵，在天台上和小土狗蹦跶嬉戏，或者在大厅等待晚归的房客，又或者安静蜷缩在长椅后的角落打着小盹儿。猫咪与狗，在这里和谐共处着、嬉闹着，增添了客栈的生机与欢乐。后

1│2　1. 咖啡里猫咪图案的拉花，看看跟旁边的这一只像不像
　　　2. 独处沉思的猫咪，很快便吸引了小伙伴

来，客栈又多了一只萨摩耶，三只狗与十几只猫咪组成的豪华服务团，不知又要温暖多少停留在此的游客的心。

## 面朝大海，春暖花开

作为一家客栈，舒适的居住空间必不可少。不论是多人间还是阳光房，室内精心的装饰总会给人清新温柔的舒适感，而细节及配色更是将地中海风格展现得淋漓尽致。

推门步入房间，海蓝色的墙壁，阳台上盛开的花，仿若海子诗歌中描述的一般，"面朝大海，春暖花开"。白色的欧式大床、纯白色的床单，纯净如同地中海的沙滩；柔软的被子、蓝白相间的床旗、飘逸的纱帘，每个细节里都洋溢着清新与温柔。

阳光早已散落在每一个角落，房间里独立阳台上光影斑驳。黄昏时分，坐在柔软的木椅上，闻着白色瓷瓶里若隐若现的花香，只愿时光可以走得慢点再慢点。

即便是多人床位间，猫宿也没有丝毫的马虎。蓝色带着透明质感的马赛克瓷砖贴满了浴室的墙面，在灯光的照耀下熠熠生辉；壁灯也是多彩的颜色，光线柔和又浪漫；每个床位都有盏嵌入式的床头灯，一如电影中水手们床前的那一盏；靠墙的一侧都开有一扇明亮的小窗，海蓝色的窗帘，代入感十足；针对床位间的隐私问题，店家也是格外心细，两扇蓝红条纹相间的床帘一拉，便是自己的小空间，置身其中，仿若是远航邮轮中的水手，随着波涛海浪驶向远方。

### 📍 客栈资讯

**客栈地址：** 东城区雍和宫大街五道营胡同65号
**联系方式：** 010-84083483
**预订方式：** 网络/电话
**房间价格：** 多人间88～149元/床位，标间/大床房328～380元

## 另存为杂货店
——你好，旧时光

熟悉的味道、相似的场景，不经意间唤醒你沉睡已久的回忆，是童年时外婆削苹果的描金水果刀；是客厅里嘀嗒作响的棕色木头钟表；是挂在墙壁上具有年代感的海报。『另存为』不仅是一家杂货店，更是通往回忆的时光隧道，触碰你心底最温柔的角落。

◆ 店铺特色

- ◆ 年代感的物品，触碰心底的温暖
- ◆ 专属回忆，难以复制的情怀
- ◆ 爬满绿植的小屋，仿佛一个魔法世界
- ◆ 提醒记录当下好时光

### 触碰心底的温暖

五道营胡同东段有一间杂货店，几株碧绿的爬山虎布满了整个墙面，整个店铺好像是隐匿在森林里的小木屋一般。拾级而上，推门而入，店内摆设的皆是有年头的老物件。棕木色的落地钟、蓝漆铁艺脸盆架、四四方方的黑白电视机，每一件物品都有着浓厚的时代印记。琳琅满目的老物件仿佛是通往回忆的时光隧道，让人脑海中浮现出难以忘怀的曾经。

店名很有意思，叫作"另存为"，本意将原文件复制一份转移到其他地方的意思，在这里却精准地诠释了这家店铺对于旧时光的珍视。店内陈列的小物品都是店主从老胡同里淘来的，带着生活的气息，给人更深刻的触动。

有一位上了年纪的老太太随年轻的孩子前来，对着一个玻璃瓶凝望良久，缓缓说

店铺被茂密的爬山虎萦绕，仿若是隐匿在森林里的小木屋

店铺外的小黑板上，红色粉笔写着，"没有记录，就没有发生"

道："以前咱们家也有，这是我妈妈年轻的时候装润肤乳用的，那时候可贵着呢。"她的眼神中，有惊喜更有感动，好似又回到了她还是小孩子的时光里。

## 没有记录就没有发生

店铺门口的木牌上用粉笔写着一句话："没有记录，就没有发生。"那些我们曾经历过的生活场景在时光的流逝中渐渐被遗忘，若没有偶然间的触动，将永远尘封于内心深处，好像没有存在过一般。这家小小的杂货店，令我们动容的并不是这些老物件本身，而是与其关联着的生活片段、温暖珍贵的昔日时光。这家小小的店铺，像是一个记录者，替你保存着一个又一个早已忘怀的瞬间。

时钟嘀嗒，阳光里，窗口下的脚踏琴折射出温暖的光，那位上了年纪的老太太仍未离去。也许她想到了多年前的一个下午，一位穿着白色衬衫、黑色裙子，梳着麻花辫子的年轻姑娘，弹奏着一首离愁别绪的曲子。或许是毕业季节里常见的《送别》，"长亭外，古道边，芳草碧连天。"琴声悠扬依旧，韶华不再，青春的记忆却永远难以忘怀。

1 | 2 | 1. 时钟嘀嗒，钢琴无声，任由记忆流淌　2. 杂货店曾作为《指甲刀人魔》取景地
　 | 3 | 3. 古董烛台，烛光下十分精致

### 记录你的生活，为你写诗

"为你写诗"是另存为杂货铺新发起的一项活动，游客可以用店门口的老式打印机写一首诗，用明信片寄到游客所在的城市。这项活动不仅没有任何费用，店主还提供免费拍照、免费明信片和免费邮票的服务。老式打印机在这里不仅仅是一件工艺品，用以展示，用以怀旧，还发挥着最原始的打印功能。带着油墨的印迹、翻越千山万水寄来的明信片，当未来不经意翻出时，回想起旅途中的这家温暖小店，这首有着特殊回忆的诗，是否会有感动涌上心头？

另存为不仅仅是一家充满怀旧气息的杂货铺，更如另存为自己的定位，"我们提供一种生活态度，就是更贴近原本生活，质朴慢生活"。

📍 店铺资讯

地　　址：东城区雍和宫大街五道营胡同20号

电　　话：15321599520

特色推荐：各式老物件

# 包子和饼饼家
## ——逗猫画猫两不误

"包子"和"饼饼"可不是味美的早餐，而是镇守在五道营胡同的两只大肥猫。"包子与饼饼家"自然是两只猫咪的温暖小屋，更是一处手作小店，风铃、笔插、看盘、T恤衫、明信片、冰箱贴皆带着猫咪的元素，寻常小物经过创作者的精心绘制，变得独具情趣，也可亲自创作，带走一份与众不同的回忆。

◆ 店铺特色

◆ 随心设计，手绘陶制小猫
◆ 有静物模特气质的可爱慵懒大猫
◆ 在五道营消磨时光的最佳手作小店

## 五道营胡同最"慢"的店铺

第一次路过"包子与饼饼家"是一个初夏的周末，当时为了躲避火辣的阳光走得飞快，忽然瞥到一具黑猫雕塑，瞬间便被吸引着停住了脚步。漆黑油亮的毛、臃肿的身材、圆胖的大脸，每一处细节都诠释着慵懒与温柔。橱窗内，简单的白色T恤衫上绘制着猫咪图案，摆放在角落里的陶瓷玩具也是各式各样、五颜六色的猫咪，连挂在屋檐下的风铃也是趴着的猫咪造型。爱猫一族自是不愿错过，既可躲避烈日打发略显漫长的初夏时光，又可一探店内的神秘猫咪，忍不住会推门进去瞧一瞧。

店铺不大，20来平方米的空间里早已坐满了客人，以情侣和母子居多，也有闺密三三两两而来。每个工作台前的客人都埋头认真绘制着手中的陶瓷玩偶，这里是个手作小店。白色的猫咪陶瓷坯子被涂染上五彩缤纷的颜色，既可是红配绿参差的对比，又可是粉配蓝温柔的交融；坯子也可以随意选择，有看盘、笔插、风铃，还有白色的纯棉T恤衫。店主颇为细心，为客人准备好了多种图案与配色，有毕加索画作星空样的猫咪，有甜甜私房猫里的小起，还有让人熟悉的经典动漫加菲猫和机器猫。

这里是五道营胡同周末上座率最高的小店，满屋的情侣、孩子和家长在此专注画猫

在这里亲手绘制一只猫咪可是要有耐心，从选样、调色到绘制完成，至少要花上两个小时的时间，如果遇到认真仔细又有选择恐惧症的客人，时间更是要长上一倍，如此一来，一个下午的时光才够用。好在店主也为时间匆忙的客人考虑周全，店内也有成品陶瓷玩偶、明信片、卡贴售卖，老板亲手绘制，自然更为精细，只是略微少了亲手绘制的成就感。

## 三猫鼎立，相聚随缘

作为猫咪主题的手作小店，自然是少不了萌猫镇店，包子和饼饼便是长期镇守在店铺里的招财猫，店名也是取自此。最近店里多了一只小猫，名叫二饼，自此，镇店萌猫家族得以扩张，形成三猫鼎立的格局。

店里的猫咪如同门口的雕塑猫一样，慵懒、散漫。角落里的"包子"正呼呼睡着午觉，一个小姑娘画猫画累了，便悄悄靠近，温柔地抚摩着它的毛发，只见它眼睛懒懒地睁开了一条缝隙，好似在说"快去画画，别来烦我，真是困死喵了"。小姑娘逗猫无果，无奈之下只好踮着脚尖转了一圈，继续画画去了。

如果说"包子"身上散发的是一种财大气粗的大老板气质，那么"饼饼"便是慵懒的贵妇了。它每日也是趴在不同的角落里打着小盹儿，偶尔叫上一两声提醒着它的存在，每当这时，客人便会投以"好可爱"的目光，它自然是受用得很。

1|2
3|4

1. 店内提供五颜六色的丙烯颜料，尽情画你所想
2. 店内有成品陶瓷玩偶、明信片、卡贴可以售卖，老板亲手绘制，自然是更为精细
3. 酣睡中的包子，圆圆的包子脸是店内所有泥塑的创作源泉
4. 刚刚完成的作品，有没有高度还原"包子"的精气神

　　作为店铺里的新晋小猫"二饼"，因为年纪尚小，性格也比两位前辈要活泼一些，只是我到店的那天它并不在店里，不知道去哪里淘气了，只从店主口中略知一二，期待下次可以看到它。

　　店里的三只猫咪各有各的性格与脾气，在北京最文艺的胡同最有趣味的店铺，陪伴着一拨又一拨的客人。在这家手绘猫咪陶艺的手作店，虽然大家画的猫咪不尽相同，但每一个胖胖的陶坯都已寄宿着包子与饼饼的灵魂与气质，给人们带来欢乐与灵感，带去美好与回忆。

📍 店铺资讯

地　　址：东城区五道营胡同甲75号(近安定门一侧出口)
电　　话：010-64033651
特色推荐：手绘猫咪

# About Love
## 物的生命
### ——带回一件物品，继续一段故事

最初知道About Love源于一部10年前的老电影，中文名字叫《恋爱地图》，讲述了发生在东京、中国台北、上海的三段关于邂逅的爱情故事。位于五道营的小店「物的生命」，英文名字正是「About Love」，是一家Vintage风格的二手杂货店，前身正是北京第一家交换商店。世界各地淘来的小物件精致美好，虽与同名电影并无渊源，但纯真、清新的风格，让人相信缘分的奇妙。在这里，每一件物品皆有生命，每一段故事都在继续。

◆ 店铺特色

◆ Vintage风格的二手杂货店
◆ 物件精美，带有时光的痕迹
◆ 有少数工作坊新创作的作品

### 相遇，如果喜欢请快快带走

About Love物的生命是位于五道营胡同里的一家二手杂货店，因为并不在主街上，所以很容易被错过。若不是我为了躲避突然而来的暴雨，意外躲进胡同里的这家小店，只怕又要与之失之交臂。

店铺空间不大，十分小巧，置物架上的小物件琳琅满目。欧洲瓷器看盘、日本漆器便当盒、英国银质胸针、德国老式推刀，这里的物品都带着时光流逝的印记。因为大多物品皆为二手商品，不免有些划痕，或者是磕碰，但恰是这些并不完美的小缺点让这些小物件变得独一无二，散发出浓厚的怀旧感，仿若无声之中讲述着曾经的故事。或许那欧式的瓷器看盘是20世纪欧洲某位爱好中国瓷器的小姐从父亲那里得来的生日礼物；或许那漆器便当盒里几十年前每天都有主人的妻子精心准备的寿司；或许那枚银质猫头鹰胸针是某位情窦初开的少女从好朋友那里软磨硬泡得来；或许那老式推刀曾在德国某个小镇为一位上了年纪的老人修整过最精神的发型。

在店里看到一组灯塔造型的首饰盒，每一款灯皆有不同，下面还标有灯塔的名字和

地理位置。例如，Assateague Light，VA。后来在维基百科上得知，这是位于美国阿萨提格国家海岸公园的一座灯塔，这附近的小马驹曾被玛格丽特·亨利写进小说《辛可提岛的迷雾》中。

　　在这里，很难看到完全相同的物品，因为各式小物皆为店主或者其朋友从海外淘回，每一款皆是独一无二，如果遇到喜欢的物品又价格合适，一定要记得及时出手，不然下次再来时很难再见，留下的只能是小小的遗憾。

### 随缘，这里还有一手好货

　　这里的小物件并非每一件都是二手的，也有少量是店主从朋友工作坊或者是民间手工艺人手里选购而来。

　　店里的透明柜子里有几只布偶小熊和花团图，来自店主的好友布偶艺术家鸡蛋花花。如果你喜欢手工，读过《鸡蛋花花手工课》这本书，自然会知道这些小布偶的与众不同。一如书中所言，手工是美好的，因为它总和"爱"有关，所以这里的小布偶没有机械化的批量生产，皆是手工缝制，每一款染料的纹理、织物的绣字皆会有所不同，饱含着制作者的情感。

4. 女孩子喜欢的小饰品，处处充满小惊喜
5. 琳琅满目的小物件来自世界各地，期待由你继续一段故事

　　还有手工编织的菜篮，是店主从一位80岁的老婆婆手中预订的，销售所得亦会作为老婆婆的生活补贴。蓝色、白色与红色相间，就像小时候奶奶和妈妈都会用到的菜篮，充满回忆。虽然不是沉淀着时光的二手旧物，却也有着自己的故事，承载着一段旧时光下期待美食的小惬意。

　　"每一件物品都是精致的、有用的、有着可长时间使用的生命的，物本应如此。每一件物品都承载着一段回忆、一段故事，因为有它才构成这段回忆与故事。"这是我在About Love 物的生命微信里看到的第一条微信。在店里的时光虽然短暂，但让人难以忘怀。正如同店主微信里所言，这里的物件每一个都有着情感和故事，好像是有着生命，不论是被带走还是被留下，都曾温暖和感动着步入店中的客人。旧物是一种美学，节制而隽永，惜物即惜人。

　📍 店铺资讯 ————————————————————

地　　址：东城区五道营胡同67号西门，五道营胡同与箭厂胡同路口东北侧
特色推荐：全球采购特色杂货

# 沐茗咖啡
## ——他有他的温柔，她有她的情调

去了五道营胡同，如果不去沐茗咖啡坐一坐，总会有种来北京不爬长城、去杭州不赏西湖的遗憾。作为第一批入驻五道营胡同的本土独立咖啡馆，沐茗咖啡已走过多年的风风雨雨，在时光的流逝中，这家慵懒随意的咖啡馆早已被列入五道营胡同必去的店铺清单。

### ◆ 饮品店特色

◆ 咖啡与美酒，充满浪漫情怀
◆ 星空露台，有老槐树沙沙着枝叶
◆ 戴着铃铛的猫咪，动静皆宜十分可爱

### 戴铃铛的小猫咪

如果用搜索引擎搜一搜"沐茗咖啡"，跳出来最多的关键词就是猫咪，以至大家都以为这里是猫咪主题咖啡馆，非也。听说，老板和老板娘创立咖啡馆时，并没有刻意将这里打造为猫咪的天下，只是单纯想要让家里养的两只猫咪有更多的活动空间，便把家猫带到了店里，后来又收养了周围几只流浪猫，猫咪家族得以扩大，于是如今的咖啡馆成了这些可爱小萌宠的乐园。

虽然这里的猫咪不是世界名猫，但个个神情淡定、举止文雅，颇似见多识广的大家闺秀。对陌生的客人既不好奇害怕，也不随意亲近，总是一副让人羡慕的悠然自得的样子。小黑猫多多最是贪睡，去的时候缩在最显眼的猩红色沙发上，眯着眼打着呼噜，不知做着什么好梦。小黄猫米米倒是活泼得很，在不同的椅子、桌子、沙发间闲庭信步，颇有种英式大管家的风范，贴心礼貌地招呼着每一桌的客人。

房间内的摆设大多为店主从世界各地淘来的

　　这里的每只猫咪都有一个自己的专属铃铛，或许是被摘掉了铃铛心，猫咪走起路来并未听到叮当作响的铃声。精致的小铃铛和可爱活泼的小猫咪，会让人联想到动画片里的机器猫，有一个神奇百宝袋，里面有数不清的神奇小道具，勾起了童年时的回忆。

## 不可错过的风景

　　老板虽是个西北汉子，却有一颗文艺心。店内有人各地搜罗来的装饰品，都是老板和老板娘携手旅行带回来的。绿意盎然的小小绿植遍布咖啡馆每个角落，花朵也开得娇滴粉嫩，无声无息地增添了咖啡馆的生机与诗意。舒适的沙发可任意倚靠，缩在其间读本小说，没有比这更惬意的了。窗边定制的原木桌椅已被阳光填满，这里也是猫咪的最爱，坐在椅子上抱着懒猫，来杯拿铁，便觉时间嘀嗒，走得仿佛要比平时慢了许多。

　　老板娘温柔又有情调，在澳洲生活多年，对红酒颇为喜爱，特意在咖啡馆里增添了上好的澳洲红酒和啤酒。星空闪烁的夜晚，二层的露台自是不能错过。院里的老树已长

1 | 2
--|--
  | 3

1. 书架上摆满了书籍，抱着猫咪看会儿书，多么惬意的午后

2. 看这销魂的姿势，定是猫咪世界里最会摆拍的网红

3. 一只眺望远方的猫咪，它说，生活不仅是当下的小鱼干，还有窗外叽叽喳喳的小麻雀

得比屋顶还高，从露台前穿过，枝叶繁茂，一片清凉。三两好友来此小坐，点上一瓶地道的澳洲红酒，伴着胡同里缓缓吹来的暖风，人未醉，心已醉。

## 饮品店资讯

**地　　址：** 东城区雍和宫大街五道营胡同53号

**电　　话：** 010-64076526

**人均消费：** 45元

**特色推荐：** 冰拿铁、大理石蛋糕

# 印格时光

## ——西藏不远，就在这里

「点一束藏香，空气中萦绕着信仰的芬芳。捧一杯酥油茶，氤氲的空气，温暖的篇章。照片里的格桑花，花瓣上映射着点点阳光。轻舞飞扬的经幡，祈福来自那遥远的地方。就这么坐着，默默相望，直到，地老天荒。」你在印格时光可感受到另一种藏地时光。

◆ **饮品店特色**

◆ 紧邻雍和宫，解不开的西藏情怀
◆ 藏式风情装饰，有好喝的酥油茶
◆ 一整面照片墙，带你领略雪域风光
◆ 书架上满满有关西藏的书，可打发一整个下午的时光

### 高原的风徐徐吹来

之前去藏区旅行，印象颇深的便是碧绿广阔的高山牧场、高耸震撼的巍峨雪山、随风飘扬的五彩经幡、金碧辉煌的寺殿庙宇。而最难忘的味道，自然是温润醇香的酥油茶。印格时光，位于雍和宫对面的五道营胡同中，室内光线微暗，灯光似一盏酥油灯，经幡投影至墙面，光影斑驳。来此小坐，仿若置身雪域高原的藏式民居，有种时空移转的错觉。

咖啡馆内桌布五彩缤纷，吉祥八宝图的藏纸灯笼内烛光氤氲，嗅得袅袅熏香，抚平了内心的焦躁。晚风徐徐，经幡摇曳，风中仿若带着高原的清香。

### 喝一杯酥油茶，听一段动人传说

来印格时光小坐，最好是来上一碗酥油茶。端上黄色的八宝碗，轻轻吹开浮在茶上

1. 店内零星摆放着藏族饰品，等待有缘人
2. 墙面上挂满了店主拍摄的照片，展现着多姿多彩的藏地风情

的油花，呷上一口，盐巴的咸、酥油的香在口齿之间交融着，温润柔和，醇香悠长。

酥油茶源于一个凄美的传说。据说很久以前，藏区有两个部落因战争结下仇怨，长期不和。两位部落的土司分别有一个勤劳美丽的女儿梅措和一个勇敢帅气的儿子文顿巴，两位年轻人在劳动中心生爱意。因历史遗留下来的冤仇，文顿巴被梅措所在部落杀害，在为文顿巴举行火葬仪式时梅措纵身跳入火海殉情。在新的生命轮回里，梅措变成茶树上的叶子，文顿巴变成盐湖里的盐巴，每当藏族人打酥油茶时，茶叶和盐巴再次相遇，他们彼此结合，最终融为一体再也分不开来。

传说动人，留给后人无限遐想，每当再次喝起酥油茶，总是觉得有些许不同，厚重的口感或许是因爱得深沉。

### 解不开的藏式情怀

料理店铺的阿姨态度温和，不忙的时候会与客人聊聊天。问起为什么会开这么一家咖啡馆，她笑了笑说，还不是孩子喜欢。

从阿姨那里得知，阿姨的孩子去了好多次西藏，特别喜欢那里，于是回京后开了这么一家藏式情调的咖啡馆。"爱生活，爱咖啡，爱阳光，爱高原，爱嘚瑟也爱思考，爱朋友也爱独处，爱北京中路的佛塔，也爱八角楼街的小巷。爱马沙拉蘑菇，也爱藏民家的青稞酒，爱闲逛不爱束缚，爱摄影不爱拍照，不是旅行家，不是摄影师，我是印格时光。"在菜单上很容易会留心这段文字，估计是店主的自我介绍。

3. 餐单上有店主精心写下的文字，表达着独一无二的情怀
4. 黄色的八宝碗端上，轻轻吹开浮在茶上的油花，呷上一口，盐巴的咸、酥油的香在口齿之间交融着

　　环顾店内，除了装修颇具藏式风情以外，很多细节都彰显着店主对西藏的喜爱。墙面上挂满了旅行时拍的照片，大多数是人像，有上了年纪的阿妈，有稚嫩的孩童，也有身着猩红色僧袍的小喇嘛，不论是年老还是年幼，照片中的人物眼神清澈，笑容真诚，让人倍感温暖。店主用便签条在照片旁摘录了一小段文字——"我问佛：如何让人们的心不再感到孤单？佛曰：每一颗心生来就是孤单而残缺的。多数带着这种残缺度过一生，只因与能使它圆满的另一半相遇时，不是疏忽错过，就是已失去了拥有它的资格。"

　　店内有一个书架摆满了书，大多与西藏相关，《东山顶上的酥油茶》《玛尼石上》《格萨尔王》……随手拿过一本，细细品读，窗外月光如水，洒落在靠窗的桌面上，宁静清澈，不知千里之外的高原，是否沐浴着同样的月光。

### 📍 饮品店资讯

地　　址：东城区雍和宫大街五道营胡同18号
电　　话：010-64021646
人均消费：40元
特色推荐：酥油茶、青稞酒

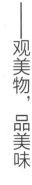

## 觀品
### ——观美物，品美味

五道营胡同里有一家精致的中式茶点店铺，名曰觀品，寓意「观美物，品美味」。步入其间，欣赏一下置物架上素净雅致的茶具、花具，或盘坐在蒲团坐垫上尝一尝精细别致的茶点，方觉四季寒暑交替，生活需要细细品味。

◆ **饮品店特色**

◆ 中式甜品
◆ 温润桃花酒
◆ 精致的陶瓷器具

### 风雅如诗，岁月如画

日落西山，夜色渐渐朦胧，冬雪尚未消融。五道营胡同内一家店铺的玻璃窗上早已布满雾气，朦胧中一株窗前盆栽的叶子已然红得似火，衬出"觀品"二字。门脸虽不大，但简洁温暖的店面，中式的风雅，给这条热闹的胡同增加了一种格调。

轻轻推开玻璃门，店面小巧玲珑却精致雅观，木面吧台前排列着四把铁架圆椅，墙下木质长椅上的蒲团坐垫更是令人心安，墙上置物架摆放着店主朋友们设计制作的各式手工艺品，房中每一物件都烘托着一种淡然优雅的意境。窗前的盆栽、墙角的绿竹、摆在陶瓷器里的小菇茑，又恰到好处地焕发出灵动的生机。

### 花魂酿就桃花酒，君识花香皆有缘

盘腿坐在蒲团坐垫上，点上一壶桃花酒。轻轻倒入杯中，粉红的光色如宝石般晶莹，灵动温润，看着已赏心悦目。饮上一口，缓缓入喉，仿若一股暖流轻轻入怀，一瞬

1 | 2 | 3　　1. 吧台后，店主正在精心准备着茶食　　2. 花魂酿就桃花酒，君识花香皆有缘
3. 白柚山楂酪

间便驱散了冬日里的风霜。桃花酒自古就有，并非店主原创，据《图经本草》记载，采新鲜桃花浸酒，每日饮用，可使容颜红润。

　　黑芝麻豆腐慕斯形似马卡龙，在外观上却又与五颜六色的马卡龙有着强烈的反差，白色的奶油上点缀着零星的黑芝麻，一白一黑竟有道家万物阴阳相合的禅境，单单是摆在桌上，一份宁静已悠然于心。奶油细腻绵软混合着淡淡的豆香，其间夹有香酥的花生碎，再加上底部一抹浓厚的巧克力酱，在不同层次的质感与味道间，细细品味，循序渐进。

　　白柚山楂酪是到店当天刚推出的新品，香醇的奶酪中混着柚子的果肉，再加上盖在上面的山楂条，色、香、味俱全。

　　这里的每道甜点茶饮均蕴含着店主独到的小心思，道道都像艺术品，让人心生爱怜，加之精致小巧，总会不忍食之。一小口一小口地细品方是在此最正确的吃法，囫囵吞枣般是体会不到个中细腻的口感与心思的。老板说，他们这里会根据时节选择应季的食材研发新的产品，所以以前吃过的不见得下次还会有，这样才最新鲜，也会给人憧憬和惊喜。

## 饮品店资讯

**地　　址：** 东城区雍和宫大街五道营胡同15号
**电　　话：** 010-57130759
**人均消费：** 50元
**特色推荐：** 黑芝麻豆腐慕斯、白柚山楂酪、桃花酒

# 糖水鲸

## ——只爱吃甜品的鲸鱼

"爸爸，你在画什么？是蝌蚪吗？"爸爸没有抬头，温柔回答："是鲸鱼呀。"只见女儿皱着眉，嘟嘴说道："啊，那爸爸，你画得太丑了。"听到这儿你要忍俊不禁了吧，一家甜品小店的午后时光，偶遇鲸鱼、萌猫和可爱的小女孩，简直要把心萌化了。

◆ **饮品店特色**

- ◆ 鲸鱼元素处处可见，笑容可掬惹人喜爱
- ◆ 好吃的双皮奶让人回味无穷
- ◆ 环保纸巾画，五颜六色创意无限
- ◆ 调皮又可爱的萌猫小楚

## 糖水与鲸鱼

糖水，是广东地区甜品小吃的总称。广东的糖水不仅追求丰富的口感，更讲究滋补养生的功效。

在五道营胡同里有一个小小的中式门脸，迎头便可看到毛笔大字写着"糖水鲸"，可不要被这略带沧桑的传统招牌吓到，以为店铺买卖的是深奥难懂的文玩字画，只要你细看旁边的灯箱，蓝色的鲸鱼笑容可掬，再加上店铺外招牌上的特色甜品，便知其实这里是个小小的糖水铺子。糖水鲸是店主外号，"喜爱糖水的水晶"缩略成了"糖水鲸"。

店铺面积不大，却布置得十分清新。店铺背景墙有手绘的鲸鱼图案和鲸鱼照片，看着蓝色的海洋，咧嘴大笑的小鲸鱼们畅游其中，来此的客人自然便会心一笑。旧船木做成吧台，其间镶嵌着透明的玻璃，内有各种鲸鱼元素的小饰品，甚是可爱。店内还有鲸鱼风铃，微风袭来，丁零作响，似炎炎夏日有海风袭来。老板如此喜爱鲸鱼总是会爱屋

1. 鲸鱼元素处处可见，笑容可掬惹人喜爱　　2. 小店主打的双皮奶

3. 环保纸巾画，减少资源浪费，提倡绿色生活

及乌，如果进店时你恰好有鲸鱼元素的小饰品，老板也会任性地给个小小的折扣。

温馨的小店主打双皮奶，奶香浓郁、甜而不腻，配上精心熬制的红豆，吃上一口幸福感油然而生。店内的鲸鱼蛋糕松软可口，最具特色的便是上面的小小鲸鱼，萌萌的、白白的，让人不忍心吃下去。

## 创意纸巾画

如果有心观察，便会看到一满面墙的纸巾画，皆是来此惠顾的客人留下的。选用纸巾做画布也是考虑到纸巾更为环保，减少资源浪费，倡导绿色生活，也是尽自己所能对鲸鱼进行保护。

恰好有来北京游玩的一对父女，女儿三四岁，大大的眼睛、齐齐的刘海，十分可

店铺墙面上的涂鸦，童真有趣

爱。店内的小猫咪小楚估计也是被小姑娘萌到了，乖巧地坐在旁边，温柔得不得了。女儿开心地吃着甜品，父亲则在旁认真画着纸巾画，只见女儿偏过头去看了爸爸一眼，"爸爸，你在画什么？是蝌蚪吗？"爸爸没有抬头，温柔回答："是鲸鱼呀。"只见女儿皱着眉，嘟嘴说道："啊，那爸爸，你画得太丑了。"

听到这里忍不住笑了，不知道作画的父亲被女儿狠狠吐槽后心中有何感想，且不管画得好与坏，这温馨、甜蜜的午后已是最好的时光。

### 📍 饮品店资讯

**地　　址：** 东城区雍和宫大街五道营胡同47号
**电　　话：** 010-84084879
**人均消费：** 25元
**特色推荐：** 双皮奶、鲸鱼蛋糕

# Sirena 海妖
## ——酒吧也有小清新

阳光正好，穿过白色慢帘洒落在桌上，空气中飘荡着淡淡的甜香。一只白色猫咪跳上海蓝色的木桌，凑到你面前。这是一家酒吧，名叫Sirena海妖，没有印象中酒吧的嘈杂，有的是慵懒的午后时光和猫咪的温暖陪伴。

◆ **饮品店特色**

◆ 地中海风格，蓝白色调十分清凉
◆ 数不尽的猫咪，给你温暖与欢乐
◆ 好喝的鸡尾酒，一段迷醉小时光
◆ 不仅提供酒精饮品，还有好喝的咖啡

## 海妖里也有猫店员

Sirena海妖离Sirena猫宿并不远，也是五道营胡同里让人印象深刻的店铺之一。大片的白色与蓝色，铺面而来的地中海风，因与Sirena猫宿为同一位老板，故店铺风格颇为相似，只是一为客栈一为酒吧，定位不同而已。

洒满阳光的午后，路过Sirena海妖，有一种漫步地中海海边的感觉。虽然是冬日，室外没有了白色的遮阳伞与露天的蓝色木桌，但开了天窗的室内依旧明亮，让人感到格外温暖。

白色的墙壁、海蓝色的桌椅、盛开的花朵，若不是早已知道这里是一家酒吧，还以为到了一家清新静谧的咖啡馆。

店内有几只猫咪，灰色暹罗高贵优雅地端坐在沙发上，黄白相间的加菲慵懒地缩在猫窝里，还有活泼的小黑猫，直接跳到桌上，好奇地到处闻，到处看，把它抱进怀里也不挣扎，甚是黏人。

1 | 2
  | 3

1. 蓝色灯光点亮，吧台似梦幻中的海底世界
2. 露台上点上一杯百利甜，看绵延的屋瓦与远处金碧辉煌的雍和宫
3. 二层有三个独立包间，蓝白色的慢帘拉起来就是一处私密小空间

## 午夜里的狂欢

因是万圣节，当夜幕降临，Sirena海妖一改白日里的清新明媚，变得五彩斑斓起来。灯光被点亮，音乐也响了起来，身穿怪异服装的店员装扮成黑夜骑士、吸血鬼王子，招呼着客人。

店内挂满了小鬼南瓜和鬼脸面具，入口的门边趴着一只硕大的黑色蜘蛛玩偶，若不是早已知道是万圣节，还真的会被吓一大跳。若是想要融入这一年一度难得的节日氛围中，只管在入口处挑选几个小道具即可，骷髅面具，鬼脸发式。只是出入其间的猫咪"破坏"了精心布置的"恐怖"氛围，把客人拉回到现实之中。

如此绚烂的日子并不常见，平日的Sirena海妖并不似今日这般疯狂。坐在柔软的

沙发上，来一杯百利甜，或者是店内随意一杯五颜六色的鸡尾酒，看乖巧的猫咪趴在身边，只觉夜色温柔。

## 📍 饮品店资讯

**地　　址：**东城区雍和宫大街五道营胡同22号

**电　　话：**010-84020842

**人均消费：**60元

**特色推荐：**海妖鸡尾酒

## 三友町铁板烧
### ——胡同深处的和风

五道营胡同深处有两座青灰色的民宅，中间有一处木质的小楼，屋外挂着多彩的和风小旗，在晚风中随风飘荡。

庭院里，有几株绿竹，在阳光的照耀下散发着淡雅的气息；屋檐上悬挂着的纸灯笼，白底黑字，素净却让人心动不已；屋顶盘旋着的哨鸽时而发出悠扬的哨声，动静之间让人觉得云淡风轻。这是一家日料小馆，名叫『三友町』，有松软可口的碎鸡肉饭、有热气腾腾的铁板烧、有温润柔和的清酒，还有一只呆萌可爱的熊本熊，笑脸盈盈等你到来。

◆ 餐厅特色

◆ 有美味有人情，是胡同深处的居酒屋
◆ 有热气腾腾的碎鸡肉饭，绝对暖化人心
◆ 可爱的熊本熊，可以给你一个温暖的拥抱
◆ 烧酒、清酒、梅子酒，总有一款味道让你难以忘怀

### 胡同里的和风小馆

五道营深处，有一条并不太出名的小胡同叫作前肖家胡同，若不是一时迷路溜达至此，很难发现其中竟隐藏着一家和风小馆。

小巧的招牌挂在老槐树下，三友町，是这家日料小馆的名字。对它最初的印象是雍和宫地铁站出口处那家布满葡萄藤的小木屋，不知何时在此悄然开了第二家店铺。偶然的相遇总是让人觉得欣喜，不进去瞧一瞧怕是会留下遗憾。

店内的装饰颇有日式居酒屋的风貌，简单的原木桌椅、年代感十足的风情海报与架子上一瓶瓶原装清酒，小细节中展现着日本元素。屋内分为上、下两层空间，楼下10把椅子围坐在吧台前，吧台后是铁板烧师傅的操作台。伴着吱吱的声音，料理师傅挥舞着刀铲的动作干脆、熟练，新鲜的食材慢慢变了颜色、变了形状，配上些许葱姜与油盐，

一层面积不大，铁板烧厨师的武道场占据了大半空间

一份寻常的铁板烧便有了一种仪式感。

## 杯酒舒心怀

　　顺着木质楼梯走上二层，映入眼帘的是一只脸颊红润、无比呆萌的熊本熊玩偶。熊本熊最初是日本新干线的吉祥物，因形象呆萌受人喜爱，后来被委以重任，开始担任熊本县营业部部长兼幸福部部长，成为日本第一位吉祥物公务员。在这家日料小馆中，它又有了新的身份，立在楼道间，伸出双臂笑脸盈盈，如同主人一般迎接来此用餐的食客。

　　楼上空间规整又安静，清一色的木桌古朴素雅，相互之间用屏风与布帘隔开，形成互不干扰的小空间。相比楼下热热闹闹的铁板烧，这里更适合食客们小酌几杯，闲聊两句。

　　酒是居酒屋的灵魂，是深夜中互诉衷肠的催化剂，使人迷醉，也让人忘记白日的烦恼，毫无顾虑地诉说心事，这也是日式居酒屋深受欢迎的原因。三友町内提供日本当地的啤酒、清酒与梅子酒，在这里可与朋友开怀畅饮，闲聊倾诉，也可寻处安静，

1 | 2
  | 3 | 4

1. 厨师小哥轻舞着手中铁铲，全心制作美食
2. 挡帘上绘有浮世绘图案，餐位与过道之间有微妙的空间，既不亲近也不疏离
3. 轻柔的木鱼花随着穿堂的微风荡漾

斟酒自酌。

如果不胜酒力，也不爱油腻，那就来碗碎鸡肉饭吧，这可是店里的招牌。木鱼花盖满了整碗，因为轻盈，在热气的熏染下，像舞蹈一般跳动着。金黄色的碎鸡肉，伴着一颗温泉蛋细细搅拌，顺滑醇香的味道不仅温暖着胃，也温暖着心。

## 小店里的情怀

不论是位于雍和宫地铁站的老店居酒屋，还是处在胡同里的新店铁板烧，三友町皆给人家庭般的温暖。小小的店铺，小小的桌子，却充满着温情与感动。很久以前看过一部由漫画改编的日剧《孤独的美食家》，讲述了一位中年男子在工作间隙寻找各种餐馆品味美食的故事。他从来不去豪华餐厅，而是去一些普通大众爱去的家常小馆，面条、关东煮、盖饭，在那里并没有昂贵的食材，却是一道道看似普通的家常菜肴。书中有一句话让人印象深刻，"不被时间和社会束缚，幸福地填饱肚子的时候，短时间他变得随

4. 店内最基本的豆腐铁板烧。这家三友町相较于老店的特色就在于客人面前可见的铁板烧案台，所以铁板烧料理的味道自然差不了

心所欲，变得'自由'，谁也别打扰，毫不费神地吃东西的这种孤高行为，只有这种行为能够让现代人平等，能够最大程度得到治愈。"

虽然皆是平常的食物，可就是这些最为寻常却温暖无比的味道，构成我们平凡生活中触手可得的幸福。

♥ 餐厅资讯 ————————————————————————————

地　　址：东城区安定门内前肖家胡同5号

电　　话：010-64058280

人均消费：100元

特色推荐：碎鸡肉饭配温泉蛋、和风炸豆腐、铁板大虾、三文鱼刺身

# 前门

## 南城的精致时光

连夜的大雨后，天竟然放晴了，白云在浅蓝色的天空中追逐着，嬉戏着，变幻无穷。阳光倾泻而下，雨水冲刷后的林木也葱翠起来，清亮的颜色沁人心脾，街道两边的月季开得热烈肆意，明艳又活泼，北京的夏天就这样热闹地拉开了序幕。

这样的光景里，去前门逛逛吧，那里在传统的商业店铺之外，多了许多小巧精致的咖啡馆与创意小店。曾经的"书局一条街"——杨梅竹斜街现在已悄然恢复昔日的风采。创意店铺林立，每个小店皆有自己独特的情怀，有民国范儿十足的模范书局，有日式腔调的铃木食堂，有古韵神采的采瓷坊。若是有心，可以去参观一下上林仙馆，作为北京城唯一留下的青楼古建筑，是众多民国剧的取景之地。

人流熙攘，百年老店仍然迎接着中外游客，作为老北京曾经最繁华的商业区，这里依稀保留着时光的痕迹。青砖灰瓦，总是给人一种神秘感，诱人探一探这些店铺背后的故事。

# 客栈
## KEZHAN

若是提起清末民初的红尘往事，八大胡同总会引起人们的好奇心。仅仅一段美人助英雄的故事便让风月场少了些风尘，多了些气节。灰砖依旧，上林仙馆的石刻招牌重又描金画粉，光彩夺目，如今，上林仙馆的旧址已成为一家客栈，名叫阿来。

◆ 客栈特色

◆ 小凤仙与赛金花故居
◆ 地道的北京胡同风情
◆ 开放的青旅文化

### 那条胡同，那家客栈

八大胡同，是前门外大栅栏一带八条胡同的统称，因其清末民初聚集京城的一些妓院而成为烟花柳巷的代名词，而其最初的繁荣却与代表国粹文化的戏剧班子有着千丝万缕的关系。据记载，清乾隆年间进京的徽班就下榻在八大胡同，后来京剧各派皆汇聚于此，每个师傅皆给寓所起了堂号，梨园戏曲长演不歇，热闹非凡。民国后，八大胡同逐渐成了妓院的聚集地。

如今，胡同里尚存的建筑已成为民居杂院，与之前的热闹非凡莺莺燕燕的景象相差甚远。只是在陕西巷中仍有一座保存完好的建筑，灰砖依旧，上林仙馆的石刻招牌重又描金画粉，光彩夺目，现在这里是一家客栈，名为阿来。

红灯绿栏，楼阁依旧，但已改换了功用

天井下的雕花老柜子上摆放着古朴的瓷器，散发着旧时光的味道

## 客栈的前世今生

提起上林仙馆，便绕不开有"侠妓"之称的小凤仙，也避不了她与蔡锷那段千古知音的故事。

英雄已逝，美人不再，只留传奇可堪怀，如今来到此处，看到的则是一番别样的景象。

走进客栈，迎面可见天井内假山池鱼，绿植掩映、红鱼游动，一如百年前的旖旎风光。天井如今加了玻璃，院落便不会再受风吹雨打，阳光正好，温暖柔和，洒在横红竖绿的栏杆上。栏杆的油漆已剥落，对比鲜明，更显沧桑。

走在木楼梯上，老木头吱呀作响，推开房间的木门，里面一床一桌，布置简单，时光没有在这里留下任何往昔岁月的痕迹。不知曾经那个动荡岁月里的温柔乡，屋内是否有雕花的床，飘逸的纱，迷情的香。只是此时，再也见不到曾经模样。因建筑本身已有300多年的历史，客栈在客房里并未做过多的装饰，故整体设施老旧。在硬件上虽比不

五彩缤纷的涂鸦，据说来此下榻的海外背包客兴起时便忍不住画上几笔，于是便有了这独一无二的景致

上舒适便捷的连锁酒店，但这里依旧深受客人喜爱。有外国游客在此感受低调市井的胡同文化，有喜好文史之人心怀寻找故事的情怀，也有年轻的背包客在这里短暂停歇整装待发。

为了方便客人交流与娱乐，客栈设有专门的休闲区。且看环绕四周五彩缤纷的涂鸦，仅黑板上的文字都数不清到底有多少种语言，据说海外背包客最是喜爱这里，聊天、喝酒、来杯红茶，兴起时便忍不住画上几笔，于是便有了独一无二的景致。

入住时恰好有几位前来参加北京马拉松的客人，他们从天南地北而来，会聚在这小小的客栈。休闲区内，大家畅所欲言，俨然已成为马拉松交流分享会。因紧靠北京马拉松起跑线前门，客栈的位置为客人提供了天然的便利，于是每年北京马拉松时节这个客栈便会如今日这般住满了参赛者，这已成为客栈多年来的一个小特色。

曾经的灯火辉煌、歌舞升平之所，现在是轻松有趣、青春无限的客栈，让人有点时空错乱的感觉。不管是前世还是今生，在这座百年老宅中，总发生着说不完的故事，只等你来仔细找寻，细细品味。

| 1 | 2 |
|---|---|
|   | 3 |

1. 灰砖依旧，上林仙馆的石刻招牌重又描金光彩夺目，只是其中再难看到赛金花与小凤仙的身影
2. 坐在窗边看胡同里人来人往，不知道他们有着怎样的故事
3. 建筑外的涂鸦与木箱，是开放式青旅最常见的模样

## 📍 客栈资讯

地　　址：西城区珠市口西大街陕西巷22号

电　　话：010-63176288

预订方式：电话/网络

房间价格：床位50元，标间大床200元（淡、旺季价格有浮动）

# 书店
## SHUDIAN

## 模范书局
### ——我有我的民国文艺范儿

走在杨梅竹斜街上，最不可错过的建筑便是模范书局。一座二层民国洋楼，顶层有大气而精致的雕花，石砖却是灰白，显现其已经历了近百年光阴。店名直接刻在大门上方的石壁上，四个大字『模范书局』。该座建筑在民国时期曾是某报社发行部，『彝宝斋南文具店』旧址，现如今经营着古刻字雕，使书店更像是一座博物馆，一书一物尽显浓郁的民国风情。

◆ 书店特色

- ◆ 老建筑里的民国文艺范儿
- ◆ 复古工艺，雕版印刷术
- ◆ 有不少大部头文艺书
- ◆ 不定期举办艺术类展览或讲座

## 文艺范儿，民国情

路过模范书局很容易被其米色的麻布门帘吸引，上面印有大大的繁体字"书"，古朴的字体、印章的弧形，让人有种想撩开门帘一探究竟的好奇感。撩开门帘步入前厅，方才体会到店主的用心，一内一外，差异万千，外面是人间烟火的市井味道，里面却是精致无比的民国风情。

店内灯光略显微黄，木质家具更显深沉，书架与梁柱完美结合，一书一物皆是民国年间的摆设，一入门便透露着时代的沧桑。这里的书籍大多部头大、封面古朴。《陆游书法全集》《书衣百影》《中国版书全集》《浮世绘画册》，既有书局自己出版的有关古籍的手装书，也有店家精挑细选的有关文化设计的书籍，在一行书架上看到《瓶花谱瓶史》《花道古书集成》，难怪店内花艺精致典雅、花香盈盈，想必店主

也是极其爱花的人。

虽说是书局，这里陈列的却不仅是书籍，还有雅致的器物、古朴的雕版。店内不定期会举办诗歌朗诵会以及花器、香炉等器物展览，可谓是文艺之人的文化沙龙。其中有书局自创的创意玩物让人印象深刻，如文字魔方，字体自宋版书中原封不动辑出，文字讲究，有选自《千字文》的"寒来暑往，秋收冬藏"，也有《三字经》的"人之初，性本善"，更有《文人雅集》中的文人雅事，即便没有遇到心仪的书，看看这些创意物件也会觉得文雅起来。

### 一条老街，一本旧书，一家小店

模范书局的选址与创立颇有一丝传奇色彩。据说老板家中有本手抄书，上面的地址写着青云阁。有一天两位创始人在杨梅竹斜街闲逛，偶然发现青云阁的招牌，顿时诧异万分。于是一拍即合，在离青云阁不远的这座民国建筑里开了这样一间书局。

书局开在杨梅竹斜街上并不算是一件稀奇的事情，因为清末民初，这条斜街便有着

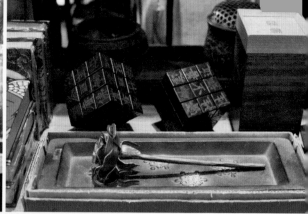

4. 店内书架上的《良友》杂志，带来扑面而来的民国情怀

5. 夏日炎炎，微风袭来，吹动纱幔

极其浓厚的文化氛围，更有"书局一条街"的称号。斜街上有世界书局、中正书局、开明书局、广益书局、环球书局、大众书局、中华印书局七家出版老字号；离现在的模范书局不远处还有户部尚书、东阁大学士梁诗正的宅邸；更有沈从文初到北京时入住的酉西会馆。

现如今，在遍布大杂院的老胡同里，模范书局更显得与众不同，别有风致，隔着时光它仍是最应景的建筑。

📍 书店资讯

地　　址：西城区前门杨梅竹斜街31号

电　　话：010-63046321

## 采瓷坊
### ——一片古瓷，却是情深

若是没有竹子，杨梅竹斜街会显得名不副实，有一天路过采瓷坊，看到两三株新种的青竹，虽已是寒冬却仍是翠绿的颜色，与墙壁镶嵌的青花瓷瓶相映成趣，寓意竹报平安。这家经营古董瓷片再设计的小店，从细节彰显着对传统文化的尊崇，让人油然升起一阵感动。

◆ 店铺特色

- ◆ 店内所有饰品均为古瓷片加工而成
- ◆ 每一件饰品都是独一无二的孤品
- ◆ 可在此体会源远流长的瓷器文化

### 天青色等烟雨而我在等你

"天青色等烟雨而我在等你，炊烟袅袅升起隔江千万里，在瓶底书汉隶仿前朝的飘逸，就当我为遇见你伏笔……"上学的时候听周杰伦的《青花瓷》，悠扬的调子、文雅的歌词，脑中总会浮现出朦胧烟雨的江南，一段隽永唯美的爱情。只是身在北京，到处是新式的摩天大楼与古朴的老旧胡同，风沙比烟雨来得多，爱情也少了些许情调。

那一日漫步在杨梅竹斜街，偶然发现街口处的水泥路上、墙角边、花坛上，都嵌入了青花瓷碎片，破碎的瓷片早已看不出它来自何方，青色的花纹却似诉说着古老的故事。

街口往西不远处有家专门制作古瓷首饰、工艺品的店铺，店外嵌满瓷片的台阶使其独具一格，透过玻璃橱窗，内有青花瓷片"缝制"而成的旗袍，精美华丽。因店内主营由古董瓷片设计再加工的艺术品，故名为采瓷坊。

门口瓷片组成的连衣裙够格登上时装周的舞台，只是难寻穿得动的模特

　　店内的陈列柜中展示着各色戒指、耳坠、挂件、首饰盒等工艺品。听老板介绍，店内所有瓷片均是古代陶瓷残片，从中选择出某一区域的精美图案，经切割打磨，配以金银、木材等传统工艺，形成一件精致的工艺品。青花端庄典雅，粉彩温润秀丽，一色一调一笔一画，体现着古代陶瓷文化的精致。

## 瓶身描绘的牡丹一如汝初妆

　　各个朝代的瓷器留存至今已属不易，残缺的瓷片虽难现瓷器昔日的精美全貌，但保留着的局部的花、鸟、鱼、虫、人物、山水等图案，不失意境。因每片碎瓷现已难寻相同的图案，所以店内每一件工艺品均可称为独一无二的孤品。

　　古瓷首饰的价值主要在于瓷片大小、年代、图案的完整性以及稀缺性，除去收藏投资价值，最看重的还是缘分。

　　店内恰有一对年轻情侣在挑选首饰，遇到一粉彩描金的戒指，小巧的戒指上有方形古瓷片，红色牡丹花一角，描金的花边经过时间的打磨，在阳光下若隐若现，更显雅致。老板并不极力推销，只是在旁细致地介绍，如同朋友般给予建议，只听她轻声细语："青花的纹路及色调并不适合年轻的女孩，还是颜色稍微秀丽一些的好。"我凑过去瞧了瞧，果真青花瓷做的戒指戴在女孩手上没有描金牡丹显得精致。男孩微笑赞同，轻轻牵起女孩的手，为她戴上牡丹花戒指，郑重得如同在婚礼上交换婚戒，女孩低头，娇羞的脸庞似牡丹初蕾。"素坯勾勒出青花笔锋浓转淡，瓶身描绘的牡丹一如你初妆。"《青花瓷》的歌词再次飘然入耳，在浮躁的城市中，我仿佛又看到了想象中爱情的模样。

$\dfrac{1}{2}$

1. 源自各种瓷瓶上的残片，被设计加工成了古色古香的小匣子，如此精美，也难怪会有买椟还珠的故事了

2. 来到采瓷坊源于一个闺密的推荐，每年岁末男朋友都会陪她挑一枚古瓷戒

## 📍 店铺资讯

地　　址：西城区前门杨梅竹斜街35号

电　　话：13167325166

特色推荐：古瓷首饰

# 老北京兔儿爷
## ——京味儿玩偶，浓浓的情谊

细数老北京文化，"兔儿爷"可谓是最鲜活生动的代表。没有人知道兔儿爷原本的样子，可无论是其披甲成将，还是驭龙驾虎，眉宇间的那股精气神都无愧它的名字。若说杨梅竹斜街上最有京味儿的店铺，"老北京兔儿爷"自是当之无愧。

◆ 店铺特色

◆ 京味儿最浓的物件儿
◆ 手工毛猴儿十分可爱
◆ 可在店内亲手绘制兔儿爷

## 兔儿爷与中秋节

文化气息颇重的杨梅竹斜街上有一家专做兔儿爷的店面，店名也直接叫作"老北京兔儿爷"。

小店面积不大，门口正对墙面下供奉着一尊倍儿有神韵的大兔儿爷，披着红色的袍子、绿色的盔甲，背后还插着两面旗子，威风凛然。两侧有对联"金甲兔爷，玉轮嫦娥"，而同样位于琉璃厂的另外一家兔儿爷店也有这么一副对联，只是内容略有不同，"迎拜一面大兔爷，中秋月圆张灯乐"，横批"老北京兔儿爷"。

提起兔儿爷总是离不开中秋节，在过去的老北京，每到中秋节，家家都要捧回一尊泥塑玉兔，摆上吃食来祭拜，以求幸福、安详。这个传统习俗源自一个古老的传说：相传很久以前，京城流行一种久治不愈的瘟疫，民间郎中束手无策，嫦娥也十分着急，于是便派捣药的玉兔下到凡间为百姓治病。玉兔不辞辛劳，各地奔波，被医好的百姓拿出好东西要送给它，可玉兔什么也不要，只是向大家要衣服穿，每到一处就换身装扮。为了赶时间医治更多的病人，它还换了很多坐骑，老虎、麒麟、大象。后来瘟疫消除，玉

兔回到嫦娥身边，京城的百姓为了感激它的恩情，便用泥塑造了形形色色的玉兔形象，用不同的衣服、不同的坐骑来装扮。兔儿爷作为老北京文化与中秋节文化的重要组成部分，承载了美好的祈愿和丰富的文化内涵，现今已被列入非物质文化遗产。

店里一侧的架子上陈列着形态各异的兔儿爷，寓意也颇有讲究：骑葫芦的福禄兔儿爷，寓意福禄双全；骑象的吉祥兔儿爷，寓意吉祥如意；骑虎的瑞虎兔儿爷，寓意赐福驱邪、事业兴盛；骑麒麟的麒麟兔儿爷，寓意送子成才。这些兔儿爷虽形态不同，但各个色彩鲜艳，十分讨喜。

## 儿时的梦想，心中的责任

文学巨匠老舍在《四世同堂》中对传统兔儿爷的描述可谓是神情俱备活灵活现：

3. 毛猴儿，非物质文化遗产，老北京传统工艺品。用蝉做成的毛猴机灵可爱，每一个作品都诉说着老北京街头巷尾的寻常往事

　　"脸蛋上没有胭脂，而只在小三瓣嘴上画了一条细线，红的，上了油；两个细长白耳朵上淡淡地描着点浅红；这样，小兔的脸上就带出一种英俊的样子，倒好像是兔儿中的黄天霸似的。它的上身穿着朱红的袍，从腰以下是翠绿的叶与粉红的花，每一个叶折与花瓣都精心地染上鲜明而匀调的彩色，使绿叶红花都闪闪欲动。"

　　这里的兔儿爷不是大批量生产，都是由各位工匠老师亲手描绘而成，饱含着几十年的功底和对兔儿爷文化的真挚情感。店主张忠强在兔儿爷界颇有名气，除了手艺精湛外，还时常参加公益活动，义务教残疾人做兔儿爷。兔儿爷是张师傅儿时的梦想，据说他小的时候，每到八月十五，兔儿爷便是四九城里小孩子们爱不释手的玩具，活泼生动，十分可爱。虽然物件小，但那时家境并不宽裕的他还是没有机会拥有自己的兔儿爷，于是他就想，要是自己有了钱，一定要有一个属于自己的大兔儿爷。现如今条件好了，张师傅便在朋友和投资公司的帮助下，分别在琉璃厂和杨梅竹斜街各开了家专卖兔

171

1 | 2　　1. 店内高挂一幅兔儿爷的画像，旁边供奉着一串巨型冰糖葫芦，可见对兔儿爷的敬意
　　　　2. 墙上的红纸书写着二十四节气，心中不禁想哼一哼节气歌

儿爷的门店。在售卖传统兔儿爷的同时，还为爱好兔儿爷的客人提供DIY彩绘服务，让这种传统玩具更被年轻的朋友接受并发扬传承。

## 手绘兔儿爷情谊浓

店内恰有位姑娘正在聚精会神地绘着自己的兔儿爷，一笔下去，自己也尴尬地乐了，过去一看，原来是刚画完兔儿爷的眼睛，但这两道粗眉，怎么看怎么有种蜡笔小新的神韵，果然这画兔点睛之笔最能体现出兔儿爷的精气神！

都说礼轻情意重，这泥塑的兔儿爷虽不比金银首饰来得金贵，但亲手描绘的情谊却是难得。在中秋节时，来店里亲手绘一只兔儿爷，或者精心挑选一只，自己留念，或送给亲朋好友，都不失为一件有意义又暖心的事。

虽然每天劳作很是辛苦，但张师傅依旧很享受这个过程，他说"这个店是一家快乐的店，同时也能给人带来美好记忆的店"，若是你也对兔儿爷有一点点喜欢、有一点点好奇，来北京的时候记得来看看。

## 📍 店铺资讯

地　　址：西城区杨梅竹斜街东口往西（里）走100米

电　　话：010-63176978

特色推荐：兔儿爷、毛猴儿、DIY兔儿爷彩绘

# 饮品店
## YINPIN DIAN

## 壹勺子糖
## Spoonful Of Sugar
—— 人生需要一点糖

一家国营老厂摇身一变，成为一家传递着『Re-Up』理念的咖啡馆。位于铁树胡同里的壹勺子糖在一片低矮民居中显露出独特的腔调。壹勺子糖的名字取自迪士尼歌舞电影《欢乐满人间》中的一句歌词『A spoonful of sugar helps the medicine go down』。人生总是会有一些艰难的时刻，但只需一勺白糖，便可整装待发勇往直前。

◆ **饮品店特色**

◆ 好喝的手冲咖啡
◆ Re-Up生活理念
◆ 坐在二层露台上可俯瞰前门地区胡同
◆ 健康的有机食材与天然的生活用品

## 旧厂房换新颜

大栅栏附近有一条历史悠久的老胡同，名曰铁树斜街。北京胡同大多周正得很，少有斜街，这条斜街的由来要从元大都建立说起了。金中都坐落于现北京内城西南角，后因朝代更迭，中都城在战火中废弃，元大都在其东北角建立，久而久之，两城之间最近的道路便被人们自然脚踏而成，这条西南—东北向的斜街便是"铁树斜街"。现如今，这条斜街虽已看不出金元时期的印象，但清末民初的老式民居依旧总体保存，是京城难得的尚未拆迁的老胡同。

在低矮的民居中，有一座二层建筑在斜街上有点显眼，五个大字"北京继电厂"已被时光磨掉了墨色，只留下斑驳字迹。工厂早已不见了踪影，取而代之的是一家现代咖啡馆。大字下面有两个对角的三角形，写着"Re-Up"，但这并不是这家店的名字，黑

这里有前门地区少有的较高的天台，昔日的北京继电厂如今鹤立鸡群，周边胡同的脉络一览无余

框玻璃窗右侧有黑色艺术字"壹勺子糖"，没错，这才是它的正名。

　　壹勺子糖的名字让初次见到的人微微有些疑惑，其实它取自迪士尼歌舞电影《欢乐满人间》中的一句歌词"A spoonful of sugar helps the medicine go down"。我没有看过这部电影，但还记得幼年生病吃药的时候，母亲总是会碾碎了药片，配上一勺白糖，一起给我喂下，便感觉药片也没有那么苦了。或许这句话也是主人对生活的寄语吧，人生总是会有一些艰难的时刻，但只需一勺白糖，是一句鼓励、一个梦想、一丝希望，便可度过生活的坎坷，再次勇往直前。

## 生活需要Re-Up

　　店内装饰新意十足，总是让人觉得有那么些许不同却又难以言说。作为一家从798起家的咖啡馆，总是与艺术有着难以割舍的关系。一楼的吊灯简单却与众不同，后来了解，原是店主Linlin利用废旧材料和玻璃瓶子设计而成。可别小看了店主的设计能力，据说店主刚接手这里时，主体建筑差不多已是危房，后来历经一年多的时间，店主及设计改造团队利用回收来的材料，修复加固了这座老建筑，才使其成为现在的模样。

　　店里的食材均选自有机农场，在天台还能看到长得正好的小辣椒；所售洗浴用品、

174

店内售卖的一些天然的日用品，包含着这里美好的Re-Up理念

护肤品也都是手工调制，力求减少添加保持天然。可以说，这里不仅是一家充满情调的咖啡馆，更是一家以升级再造和可持续生活为主题的cafe&shop。如是，便对建筑上"Re-Up"的标识有了更为深刻的理解。

坐在二楼窗边，看胡同里的居民来来往往，百年来似乎都是一个模样，这里什么都没变，却什么也都变了。"Re-Up"是一种理念，叫作"升级再造"，旅途对于人生的意义又何尝不是如此呢？其中的万千寓意不是一份小食、一杯咖啡、一件生活物品可以囊括，只有静下心来慢慢品味方可明了。

**♀ 饮品店资讯**

地　　址：西城区大栅栏铁树斜街59号

电　　话：010-63083971

人均消费：60元

特色推荐：胡萝卜蛋糕、太妃娘娘蛋糕、一缕青烟

# 卯咖啡

## ——榫卯精神，精益求精

西河沿，这里是一条宁静的老北京市井胡同，这里有间能让人慵懒度过一下午的咖啡馆。

卯咖啡，这里有一位以榫卯为志，力求在咖啡制作上精益求精的前设计师店主。

◆ 饮品店特色

◆ 昔日民国金融街上的咖啡小馆
◆ 全能暖男设计师店主
◆ 咖啡+巧克力+棉花糖，新奇的好玩咖啡

## 深入胡同，方见柳暗花明

杨梅竹斜街往北有一条游人罕至的胡同，名叫西河沿街。平时巷子里非常宁静，大妈们坐在院门口晒着太阳择着韭菜，大爷们拎着自家马扎坐成一圈打牌、下棋，依旧是当代老北京最质朴的市井生活。

闲逛一圈，路边遍布家常菜馆与杂货小铺，俨然已没有曾经"金融街"的盛况，只有偶尔路过的破败的洋楼提醒着人们这里曾经的辉煌岁月。马应龙眼药店是最先路过的古建，二层洋楼，虽已是民居，但仍可见门楣上的招牌；察哈尔兴业银行、中原证券的大洋楼甚是显眼，现在也都成了民居，只能透过门缝往里悄悄看上一眼。

走到巷子中段最不可错过的便是一座二层小楼，清新亮丽，与周围的环境显得格外不同。原木的墙下摆着一盆盆小绿植，白色的门窗上印着一个"卯"字，这就是名为卯咖啡的小店，售卖咖啡、饮品以及包括沙拉、比萨、咖喱饭、亲子丼在内的简餐。

店内风格以原木色为主，日式简约范儿，结构分为三层空间，各层空间有限，一层是吧台，是与老板聊天的好地方；二层阁楼阳光充足视野好，温暖的地台位深受客人喜

$\dfrac{1\ \ \ \ 2}{3}$

1. 做过设计，会煮咖啡，会做饭，老板是个模范暖男，店内制作云朵咖啡的棉花糖机也是他宠爱女儿的神器
2. 随着一股咖喱带来的暖意，深秋悄然而至的寒意瞬间远去
3. 浓稠的热巧克力倒在奶泡上，就像被舒服的沙发慢慢吞噬一样，不情愿地沉入杯底

爱；地下一层有地下室，定时举办观影活动，前卫、新潮不容错过。

## 光头老板爱琢磨

老板是位留着小胡子逃离了设计苦海的光头暖男。也许正因为是做设计出身，所以爱琢磨一些颇有心思的单品。这其中首推的便是颓废的巧克力。

一杯奶泡、一小杯热巧克力、两块撒上可可粉的棉花糖，这就是颓废的巧克力全部的材料。把巧克力倒入奶泡中，巧克力最先浮在奶泡上，这时可任意画画自由发挥，先是画了个简单的笑脸，一会儿整个笑脸都沉入了杯底。到此才体会到了这款饮品名字的用意，优哉游哉地浮在奶泡上的巧克力，直至沉溺其中，仿若巧克力的一场场颓废的温泉之旅。

云朵咖啡也颇有趣味，一大朵棉花糖浮在一杯美式咖啡上，形状可爱，口感独特，不妨一尝。

恰好遇到老板的小女儿九月被奶奶抱进店里，女儿乖巧可人腻在父亲怀里，父女其乐融融的画面实在暖心。后来在吧台上与老板闲聊，老板也说有时会用店里的棉花糖机给宝贝女儿做一大朵棉花糖，顿时脑中浮现小姑娘手握棉花糖的可爱画面，再看看老板脸上温暖的笑容，想必老板绝对是位宠溺宝贝女儿的暖男父亲。

二层的地台位，透过桌边小窗不知看到的是哪条胡同里的景象

### 卯咖啡里知"榫卯"

坐在店里，门窗上的"卯"字令人费解，本以为老板属兔所以因此得名，但未免显得太过肤浅。临走前怀着好奇心去问老板店名有何寓意，老板反问道："你知道'榫卯'吗？"我摇摇头，只知道是中国古建常用的结构，却不知有何深意。老板解释说榫卯是中国建筑一种精巧的结构，通过木头高低长短之间的巧妙组合，不打钉、不钻洞便可形成坚固美观的建筑结构。他做设计出身，半路出家当咖啡师，虽然经验尚浅，但希望通过不断研习精进自己在咖啡制作上的技艺，就像"榫卯"之于古建一样成为咖啡制作中的精品。

## ♀ 饮品店资讯

**地　　址：**西城区前门西河沿街186号

**电　　话：**13366327433

**人均消费：**40元

**特色推荐：**颓废的巧克力、云朵咖啡

# UPlant house
## 有种房子
### ——温暖得刚刚好

很多人的心中都有一所房子，沐浴阳光、种满花草，最好养两只猫咪，读诗、绘画、刺绣，静谧而美好。有种房子，温暖得刚刚好。

◆ 饮品店特色

◆ 仙人掌果汁，似沙漠涌出清泉
◆ 神秘塔罗牌占卜
◆ 多肉植物园里有活泼的猫咪
◆ 生动有情调的手工课程

### 这里有好喝的仙人掌果汁

记得几年前去雨崩徒步，在返回香格里拉的路上遇到塌方，于是只得绕路四川甘孜。在途经一个小村庄时，看到路边有阿妈卖小小的仙人掌，鸡蛋般大小，嫩绿的颜色，看起来十分可爱。下车与阿妈攀谈，阿妈并不极力推销，只用清水洗干净一个仙人掌，往我手心里一放，带着质朴的微笑，用不是很流利的普通话说："尝一个，送给你。"带着疑惑，我尝了一个，没想到入口的瞬间便被征服，仙人掌水嫩多汁，嚼起来十分爽口，更惊喜的是味道，甜甜的却不腻，清爽得很。禁不住赶紧买了一堆，贪吃了好几个。后来我去过很多城市，却再也没有见到可以吃的仙人掌，只得把它默默放在心里珍藏，期待哪天可以再次遇到。

注意到UPlant house是因为街角的一张海报，红色的底色，手绘的仙人掌，上面写着最神奇的仙人掌果汁。心里突然就兴奋起来，于是按图索骥，并不费力便找到了这家小小的店铺。红色的木门，仙人掌的灯箱招牌，就如童话故事里森林中的魔法小屋。

1 | 2 | 3 / 4

1. 有种房子初看平常，内里则大有新意
2. 屋内随处可见的手绘多肉植物卡片，对于看肉肉们像外星生物的朋友们很是寓教于乐

因为木门紧闭，生怕店主休息不营业，赶紧贴着窗户往里看去，柔和的灯光，橙红色的墙面，几位姑娘早已坐在格子桌前欢声笑语，悬着的心终于落地。

进门后，看到几位客人手里都捧着红色的饮品，想必就是名声在外的招牌仙人掌果汁了。味道清淡，不似雨崩之行时那般清甜，隐约可以吃到的纤维和果肉多了些层次感，怪不得品尝过的客人都念念不忘。据说这仙人掌果汁还有美颜护肤、行气活血、降血糖降血压、祛湿、排毒、加速伤口愈合、促进儿童发育的神奇功效，所以看到美女店长小菲光洁透亮的皮肤，总有客人打趣问是不是仙人掌果汁的功劳。

## 有猫相伴的美好时光

桌上散落着几张尚未完工的手绘植物图谱，或许是昨日活动的草稿。每个周末，店里都会推出别具特色的创意活动，而这周六是手绘植物图谱课。店主之一的文文毕业于中央美术学院，可谓是科班出身，讲解绘画知识对她来说并非难事，但上课的内容却要精心准备，这或许就是艺术家内心的坚持。若是授课的过程可以传递出对艺术的追求和特殊的审美，即便少赚一些，也是值得开心的事情。传统的静物素描不是冰冷的石膏而是多肉和鲜花，旧衣改造也不是简单的缝缝补补而是端庄文雅的刺绣，多肉盆景不是一味的日系龙猫和小蘑菇而是石桥草船中国风。因为空间有限，更为保证最好的教学和交

3. 二层的玻璃花房可以尽览周边景色，也可以全天沐浴温暖的阳光。此刻这里的三只猫是皇城脚下最惬意的"三人组"

4. 点一杯清甜爽口的仙人掌果汁，爬上阁楼与三只猫共度午后时光，有种房子里的生活叫作生活

流体验，店里的活动都是限制参加人数的，如果想要来参加，就得早早报名了。

　　房顶是个玻璃花房，与其说是花房，倒不如说是个多肉植物园。三只猫咪慵懒地趴在沙发上晒太阳。只有黄白色的小猫很是淘气，喜欢在多肉植物上跑来跑去，也会在架子上跳上跳下，如此"蹂躏"之下仍可茁壮成长的多肉植物，也是要赞叹生命力的顽强了。最美的场景还是猫咪呆坐在花架上看窗外夕阳，静静地一动不动。北京的雾霾让傍晚的光线朦胧如画，也不知小猫咪此刻在想什么。忍住不去打扰，或许在这家文艺小馆里潜移默化，小猫咪也被熏陶出了"文艺范儿"。

## 📍 饮品店资讯

**地　　址：** 西城区杨梅竹斜街128号

**电　　话：** 18618324726

**特色推荐：** 仙人掌果汁、多肉盆栽DIY

# 裕泰东方

## ——寻得心间一缕香

在北京人的印象里，吴裕泰如同茶庄里的同仁堂，代表了一个行业的规范与高度。虽是百年老字号，在坚守诚信的经营理念的同时，也不忘与时创新，茶香浓郁的甜筒冰激凌、精致的茶点，「裕泰东方」为百年茶庄增添了鲜活、清新的一抹绿意。

◆ 饮品店特色

◆ 始终如一的百年老字号
◆ 茶味香浓无添加的圆筒冰激凌
◆ 茶香浓郁的甜点和饮品
◆ 店内提供手工碾茶、打奶茶体验服务

## 皇城里的茉莉香

记得几年前偶然听过一首京腔京调的说唱歌曲，名字叫作《北京土著》，现在虽已记不得具体旋律，却有一句歌词印象深刻：当四合院的茶房飘着茉莉花儿香，夏天的炎热全部被遗忘。这茉莉花茶的芬芳与清冽早已融入北京城寻常百姓家的生活，不用精致的茶具，更无须烦琐的流程，只需一杯清水、一撮茶叶，淡淡茶香萦绕着丝丝茉莉花的芬芳，便可度过一整日的慵懒时光。

鲜鱼口的尽头有家百年老店，古色古香的装潢与熙熙攘攘的人群总会给人以时光流转的感觉。灰砖红门，绿色招牌，上、下两层的建筑很是气派。店铺的名字华丽又带着历史的积淀，叫作"裕泰东方"，其老东家便是一家历经一百多年、跨越三个世纪的茶庄——吴裕泰。

难得这家百年老铺能推出裕泰东方这家茶艺馆，颇为亲民与年轻化的定位，相信能使其在顾客心中争得一席之地

## 百年老店也清新

吴裕泰茶庄创建于清光绪十三年（1887年），距今已有120多年的历史。从北新桥门洞里的一家小小茶叶铺，到如今有260余家门店的股份公司，离不开吴家几代人的苦心经营。但颇有意思的是，从创店之初到如今，店内的茶叶推陈出新，而茉莉花茶却永远都是最为重要的一部分。近几年来，为了迎合年轻人的口味，这家老店推出了别有新意的产品，不仅有亲民的绿茶、茉莉花茶、大麦胚芽味道的蛋卷冰激凌，还有网上人气很高的抹茶年轮蛋糕、抹茶奶冻、花茶饼干，更提供了让客人来店里体验碾茶的服务。

绿茶宜夏更清凉，吴裕泰深知此理，新推的三种味道的蛋卷冰激凌深得客人的喜爱。绿茶的颜色一如清明雨后的新芽，而茉莉花茶的颜色要柔和很多，牛奶的柔滑和绿茶的醇涩交融在唇齿之间，更有茉莉花的清香回味无穷，这种极具创新的完美结合，给味蕾带来一种新鲜美妙的刺激。抹茶年轮蛋糕网上口碑最好，烘焙出的蛋糕上有清晰的纹路，一圈一圈正如森林里老树桩上的年轮。西式甜品传递着浓厚的东方古韵，真是更有一番风情。

话说茶与禅，总是有着千丝万缕的联系。但年少的时光，即便去读陆羽的《茶

1. 作为一家百年老店的茶饮道场，当然少不了精美的茶器
2. 茶香浓郁的年轮蛋糕，细心的服务员将其切成均匀小块
3. 北京街头点击率颇高的吴裕泰茶香冰激凌。浓郁的茶香背后是百年老店诚信经营的优良品质

经》，也难参得些许感悟，更不用说参悟人生的禅意。都说，旅途的意义不是去看新的风景，而是去重新认识自己。如此直白的话语可不就是禅意中所说的彻悟与解脱？在忙碌的旅途中，若是无空品茶，那就尝一尝来自茶庄的冰激凌吧，那环绕着蛋卷的波纹，似茶水涟漪，清淡的颜色如云雾缭绕的茶山，此刻，可让我们暂时放下满满心事，在一支冰激凌的时光里，在一盏茶的工夫里，去欣赏内心的旖旎风光，先苦后甘，让茉莉花的芬芳缭绕心间。

## 📍 饮品店资讯

**地　　址：** 西城区前门鲜鱼口西口吴裕泰茶庄2层

**电　　话：** 010-67023969

**人均消费：** 30元

**特色推荐：** 抹茶冰激凌、抹茶年轮蛋糕、抹茶奶冻、碾茶体验

铃木食堂 & 铃木商店
——胡同里的日式情调

在杨梅竹斜街的入口，稍稍走进几步便可看到一个屏风式的大铜门，上面挂着兔女郎的灯箱海报，长长的白耳朵、粉嫩的脸庞、小巧的三瓣嘴，十分可爱。兔子是铃木食堂的经典元素，来过的客人对此印象颇为深刻。这是一家日料小馆，有传统简约的日式庭院，有清淡精致的简餐小食，更有温馨静谧的美好时光。

◆ 餐厅特色

- ◆ 日式庭院充满禅意
- ◆ 兔子元素十分可爱
- ◆ 有简洁精致的餐具
- ◆ 店内陈设物充满故事

这里有家幸福食堂

很久之前看过一部日本电影，叫作《幸福的馨香》，电影中女主角每天都会到一家名为小上海饭店的中餐馆点上一份单人套餐，有时是山套餐，有时是海套餐，一碗米饭，一份主菜，几份小食，一碗海鲜汤。女主角吃饭时虔诚幸福的表情感染到每一个观看影片的观众，让人禁不住也想要去尝一尝。美食只是电影的艺术载体，影片的主题并非食材有多金贵、制作手艺如何精湛，而是通过料理美食、品尝美食，治愈自己，更勇敢地面对生活中的波折，感受平凡的幸福。

一个是隐匿在北京胡同里的日料小店，一个是电影中日本海港城市的中式小馆，虽然与电影中的店铺布局相差较远，铃木食堂仍是我所见到的最具电影画面感的餐馆，味美的食材带来的味觉感受如同电影场景般让人无比动容。

店内空间明亮开阔，在饭桌前谈笑间院内的景致一览无余

选了靠窗的位置坐下，点上一份饱受好评的照烧鸡肉饭。碗里满满一层大小均匀的鸡肉，在阳光的照射下色泽更显光鲜。鸡肉上点缀着深色的海苔碎，新鲜的生菜丝码放在鸡肉下，用筷子仔细拌匀，就像日剧女主角一般怀着满满期待细细品尝，鸡肉鲜美滑嫩，米粒饱满甜香，生菜清爽，海苔酥脆，丰富的食材瞬间征服了挑剔的味蕾，幸福感油然而生。

这里的套餐并没有日料中常见的生鱼片、天妇罗，主打的是日本普通民众常用的简餐。虽然每种食材精挑细选，制作也颇为细致考究，但价格却很亲民。曾在《外滩画报》看到店铺创始人周宁的一段话，"我们希望这里真的像食堂一样，就算年轻的学生也能够吃得起也吃得饱。我们建这个地方是自己的理想，所以是不能把各种费用加在客人的身上的。我们花了这么多的精力和物力，是希望有真正喜欢它的人来，能够长久地成为一个安心的场所"。我想，这就是铃木食堂的态度，一个理想主义的幸福食堂。

## 除了味道更有情调

原本老胡同里的大杂院现已被重新装饰，俨然一副日式庭院的腔调，只是院内粗壮的老槐树还依稀透着些许老北京的风情。原木的窗框，透明的落地窗，几束干梅，仿佛仍散发着清香。老槐树枝繁叶茂，树下的雅座备受客人喜爱。

如禅院般的环境让人心中格外平和

1 | 2 | 3

1. 枯叶与松果，还有热爱美食的小兔子
2. 独特的创意，有种镜中看花的感觉
3. 树荫的遮蔽让庭院里很是凉爽，斑驳的光影落在石子步道上，增添了几分意境

  阳光透过树杈洒落了一地，身在其中，仿佛已能想象四季轮回里的景象：晚春的清晨，有鸟鸣，槐树新发了芽，槐花落了一地，风里带着槐花的甜香暖暖醉人，最适合捧本闲书，要上一份沙拉，在这里度过一上午清清浅浅的春光；夏日的傍晚，两三好友相聚，坐在树下的木椅上，小酌一瓶清酒，轻言软语，共忆往日时光；秋日最好是午后，一人点上一份定食，就着温暖的阳光，奖励自己一顿幸福的美食；冬日里，大雪时来是最好的，温一杯梅子酒看窗外雪花洒落，屋内梅花静静绽放。

  美食之美，除了味道以外，也需要情调。盛着食物的餐具、店内的装饰、用餐的环境，其中所费的心思如同采用的食材，无不透露着店主的情怀。如果说，铃木食堂极致地体现了店主的食物美学，那么在铃木商店里，便可发现食物之外，店主对艺术和古董手工艺品的喜好。

  店内有精致的日式餐具，简洁却有情趣，据说每一件都是店主从日本精挑细选而来。稍稍走近几步，便发现风格骤变，出现了20世纪初工业革命时期的欧洲古董，每件物品上皆有标签，其中简单介绍了商品的年代及历史。后来了解到，这间小店的风格原

188

是体现了店主夫妻二人不同的艺术喜好，太太因在日本留学多年，喜欢日本器物，先生则偏爱欧美工业风。

门廊上有辆漆黑的铁皮车，其中摆放了一大束风干了的棉花枝，一黑一白，色彩鲜明。虽然对艺术风格的喜好各不相同，但对美食的追求却是不约而同，如是才有了这家既有味道又有情调的铃木食堂。

**📍 餐厅资讯**

地　　址：西城区煤市街杨梅竹斜街10-14号

电　　话：010-63135409

人均消费：70元

特色推荐：牛肉火锅、照烧鸡肉饭、铃木肉饼

## 豊食堂
### ——最台式的温情

在昔日实惠朴素的国营面馆旧址之上，一家台湾餐馆重修开业，店家对于美食的烹调、用料的讲究延续了前者的诚信经营，而色、香、味方面更上层楼。穿过鲜鱼口早已空荡荡的台湾美食街，步入粮食店街，这里才传递着最正宗的宝岛美食文化。

◆ 餐厅特色

◆ 好吃的卤肉饭是地道台式风味
◆ 台湾特产及工艺品
◆ 世界各地淘来的小物件
◆ 情调、味道两不误

### 忆往昔，看今朝

一个承载了北京人60年记忆的面馆于2015年正式摘牌关张，粮食店街55号的国营新成削面馆成为过去时，而与前门大街、大栅栏、鲜鱼口并行交错的粮食店街再无值得称道的地方。

约莫半年后，于新成削面馆旧址之上，一家饭馆装修开业了，名为"豊食堂"。华灯初上时这里显得与众不同，大大的落地窗，柔和的灯光，盛开的鲜花，繁茂的绿植，仿若是步入南国风情的后花园。原木的餐桌上整齐地摆放着食器与餐布，印有图案的餐巾从细节体现着店主的精致品位。

一如其他台湾小店，老板与店员态度温柔有礼，贴心地招呼着客人而不过度打扰，让人心生暖意。用餐的客人也都受此影响一般，在用餐的同时轻声细语聊天，生怕打扰了别人。

店内除了装修摆设颇有台湾风情外，还分区摆放着来自台湾本土的小食、手工艺

老板从台湾本地带回来的布偶

品，如手工制作的毛线玩偶、金门高粱酒、凤梨酥、杧果干等，台湾风物融于北京胡同，瞬间拉近了客人与中国台湾本土文化的距离。

## 不忘初心方得始终

店名虽为"食堂"，但在美食的制作上却颇为用心，既承载着最本质的味道，又有对色、香、味的极致追求，每一道菜都如一本书，向食客传递着作者的心意，以及中国台湾本土的文化。

备受好评的菊花豆腐汤，洁白的豆腐经过200次刀工处理浮于金黄的汤水之上，宛若一朵秋日盛开的菊花，细致的手法做出豆腐最纯真的本味，成为最赏心悦目的菜式。

一份招牌炒饭端上桌来，每颗米粒都散发着火腿浓郁的熏香，品尝过后在心中暗自发誓以后在家再也不用淀粉火腿炒米饭了。

香甜软糯的红豆芋圆汤有别于快餐店内甜腻的味道，甜度适口，作为饭后甜点再合适不过了。细细的红豆沙必须经过长时间炖煮，一碗最简单的甜品所包含的不单是用

1 | 2 | 3

1. 原木的餐桌上整齐地摆放着食器与餐布　2. 红豆芋圆汤　3. 菊花豆腐汤

料、口感、做工，体现的也是正宗中国台湾小吃多年不变的用心制作的传统，只有这样才是其不忘初心的味道。

♥ 餐厅资讯

地　　址：西城区粮食店街55号

电　　话：13552070784

人均消费：120元

特色推荐：红豆汤、菊花豆腐汤、招牌炒饭、莫吉托

# 陈记卤煮小肠
## ——传承百年市井香

说到北京美食，烤鸭当仁不让成为北京最具代表性的美食，但若走街串巷逛胡同，卤煮绝对是要推荐的特色佳肴。一碗卤煮能传承至今，蕴含着最朴素、诚信、实在的市井文化，一家店铺能几十年来如一日地深受食客喜爱，绝对有其难以超越的地道风味。

◆ 餐厅特色

◆ 最能体现老北京市井文化的特色美食
◆ 宫中御膳走进市井，得以兴盛百年
◆ 四白落地的简单装潢


### 粗犷卤煮也讲究

北京的街头小吃种类繁多数不胜数，但大多是舶来品或外地小吃改良而成，若是要挑出最具北京特色的小食，卤煮火烧肯定是要排在前头的。有这么一家店，已经有几十年的历史，在老北京食客心中有着举足轻重的地位。记得之前有朋友在国外，每每回国，下飞机的第一件事便是驱车赶往这家店，来上一碗魂牵梦萦的佳肴。这家店就是陈记卤煮小肠。

穿过人山人海的天安门广场，挤过商铺林立的大栅栏，钻进廊房二条胡同，稍稍走进没几步便可看到陈记卤煮小肠的招牌。红漆木门、四白落地、老式桌椅碗筷，如此朴素的用餐环境，每日迎来送往的却是络绎不绝的老主顾与慕名而来尝鲜的食客。

店门口大锅腾起的香气足以飘到胡同口，锅内小肠、肺头、豆腐不断吸收着老汤的精华，火烧沿锅边依次排开。锅边师傅熟练地料理着每一碗卤煮，将豆腐、小肠、肺头剁成小块，五花肉片成小片，火烧用井字刀切成九块，再从锅内舀一勺老汤浇入碗中，一碗香气扑鼻的卤煮就这样端到了食客面前。

1. 冬日的严寒也为一锅冒着热气的卤煮所拜服，排队等待的食客们身上寒气全无
2. 卤煮可以说是老北京吃食中仅次于豆汁的重口味，但爱吃卤煮的人却比爱喝豆汁的人多了很多

　　小肠味道浓重，肺头鲜嫩，丝毫没有腥气，豆腐咬一口满是汤汁，而火烧吸收了汤料的精华却久煮不软，再来一口老汤，咸香适口。亲民的价格、厚重的浓香、经久不变的做工，解的是嘴馋，暖的是人心。

　　正所谓"货真价实，童叟无欺"，店里的食材都非常新鲜，碗中每一块肠、肺、火烧、肉片，都显示着店家对于用料、味道几十年如一日的忠实与诚信。柜台后老板则绝对一副"大爷"做派，从不刻意去招呼来往的客人，更不必说去热情寒暄，只管用心经营，好坏就由味道去证明好了。

## 有故事更有姿态

　　这款美食有其略带传奇色彩的一段典故，这就要提起历史上最爱好微服出巡的乾隆皇帝了。相传昔日乾隆南下巡视，于扬州一官员家中尝到一道佳肴，大加赞赏，后引入京城御膳房，因创造此菜的大厨是苏州人，便命名"苏造肉"。此菜原本由五花肉配上九种香料熬制而成，后传入民间，用料由当时昂贵的猪肉演化为平民百姓吃得起的猪下水，更加入用面粉烙制的火烧，自此变为卤煮小肠，又名卤煮火烧。

　　吃卤煮，得趁热，非大快朵颐不可，环顾店内多是低头贴着碗拿筷子往嘴里吸溜，端起碗大口喝汤的主儿，在这卤煮店里，没有吃相这么一说，这才是吃卤煮最端正的态度。寒冬腊月里，倘若来上这么一碗，一股热气由内而发，那才叫一个酣畅淋漓！

　　有人说，这家店一定能排京城卤煮前三名，在此不做断言，若来到大栅栏附近，刚好馋这么一口，这味道绝对能在你的心中留有一席之地。

## ● 餐厅资讯

地　　址：西城区前门廊房二条82号

人均消费：20元

特色推荐：卤煮

## 天兴居
### ——包子配炒肝，一样别落下

如同豆汁配焦圈、豆浆配油条，炒肝和包子也是京城早点的一对绝配，这包子定是猪肉大葱的更地道，一口包子一口炒肝，味儿正！蘸着炒肝吃包子，更是别有一番风味。位于鲜鱼口的天兴居，多年来味道始终如一，可谓是享受炒肝的模范餐厅。

◆ 餐厅特色

◆ 百年老店
◆ 味道始终如一
◆ 北京小吃的代表

### 炒肝非炒制

若是给老北京小吃做个排行榜，炒肝绝对榜上有名。炒肝与大多老北京小吃一样，其发扬于市井间，传承百余年。

炒肝非炒制而成，是将猪肠、猪肝及一众佐料于锅中煮制，后勾酱油芡，撒上蒜末，就做成了一碗碗红亮喜人的佳肴。别看这简单的一碗炒肝，其传统制作工序颇为讲究，肠子要切成"顶针段儿"，猪肝要切成"柳叶片儿"，酱油勾芡讲究色泽红亮，浓稠适度。

而这炒肝的吃法更是一门学问，吃炒肝讲究不用筷子不用勺，端起碗来，沿着碗边转着吸溜，这样不会烫着嘴，还能将碗里的精华（肠、肝）吃得一块不剩。

### 这里的炒肝不一般

说起炒肝便不得不提会仙居。会仙居于1862年创立于鲜鱼口，最开始做的是从附

前门地区最热闹的鲜鱼口
街，每到饭店门前小二的吆
喝声不绝于耳，天兴居是其
中较有历史的老字号之一

1 | 2　　1. 即便是在晚间，也依旧门庭若市　　2. 店内墙面上，挂有天兴居历史的图文介绍

近酒楼、饭庄收购些"折箩"，经过简单加工卖给穷人的生意。而后研创了一道用猪的肠、心、肝、肺于白汤中煮制而成的吃食，一碗"白水杂碎"从颜色与味道上多少都显得略微寡淡，后经一位食客指点，用料去掉了心、肺，又用酱油勾芡，变成了今日的炒肝，自此这一吃食大受欢迎。

后来，会仙居对面开了家专卖炒肝的天兴居，几十年来两家店相互竞争，更重视炒肝的质量、食客的口碑，将炒肝这道小吃传承下来并发扬光大。

在20世纪50年代的时代大背景下，为响应公私合营政策，会仙居与老对手天兴居合为一家，强强联合。两家合并后质量与服务丝毫没有懈怠，直至今日鲜鱼口店每日也都生意兴隆、门庭若市。

如今，您要吃天兴居的炒肝，可得耐得住性子，排得了队，等得了桌。而且您得记着，炒肝、包子一块儿点，一样也别落下。

📍 餐厅资讯 ——————————

地　　址：东城区前门大街鲜鱼口胡同95号

人均消费：20元

特色推荐：炒肝、猪肉大葱包子

# 故宫周边

## 此间风景最温柔

东四和西四，原本是位于皇城东西两侧十字路口的四柱牌楼，后因马路扩宽而相继拆除，之后作为地名一直延续至今。东四—景山—西四，三点连成一条北京的精品徒步路线，不仅有庄重威严的故宫、古典雅致的王府大院，还有气势宏伟的天主教堂、温馨浪漫的咖啡馆、精致小巧的文艺餐厅，在小胡同里走走停停，可感受慵懒可亲的胡同文化，也可体验尊贵的皇家气派。

清晨从花香弥漫的青年旅舍北平小院出发，沿着东四大街一路向西，先去气势宏伟的段祺瑞府内的花生咖啡小坐，要上一份花生松饼和花生咖啡，开启一天的美好心情；早餐后在小胡同逛一逛，海鸥食堂不可错过，软糯的土豆比萨，补充满满正能量；午后，可去美术馆附近的三联韬奋读一本轻松惬意的书籍，也可去西什库教堂参观一下精美的天主教堂，或者去东华门附近的诗意栖居咖啡馆与一帮旅伴天南海北侃大山看故宫；日落的时候最不可错过的便是登上景山万春亭看日落西山霞光漫天；晚间，可坐在角楼旁的八角楼咖啡馆静静欣赏月色下的角楼，亦可去繁星戏剧村看一场新上演的小话剧；劳累一天后的晚上，入住夜奔北京，说不定正巧赶上一场月夜下的"武林争霸赛"。

夜奔北京客栈
——刀光剑影武侠梦

每个人心中都有一个刀光剑影的武侠梦，期盼着哪天可以偶见失传多年的武功秘籍，自此称霸武林。是萧峰至刚至阳的降龙十八掌、是青梅竹马的令狐冲与小师妹的冲灵剑法、是白发魔女练霓裳的一袭长发、是李寻欢『小李飞刀』，例无虚发』。若想在京城圆梦武侠，夜奔北京自是不可错过。

◆ 客栈特色

◆ 深巷古宅暗藏刀光剑影、南拳北腿
◆ 每周院内开设免费的武术指导课
◆ 床前有机缘，刻着武林秘籍的特色宫灯
◆ 促进文化交流，实行艺术家换宿计划

隐于深巷的古老宅院

灯草胡同，清属镶白旗，因接近灯市常年售卖灯草而得名。胡同深处，两扇朱红色大门紧闭，两盏宫灯高高挂起，门楣上有精致的彩绘，双飞的春燕栖息在粉艳的桃枝上，寓意吉祥如意。推开红门有一照壁，一转身便可看到庭院，四座精致的房屋围绕着清清爽爽的院落，是典型的北京四合院结构。

东西厢房及倒座房已被改造成精致的客房，这里现在是一家独具特色的客栈，亦是一个四方武术文化交流的平台，它有一个灵气的名字，叫作"夜奔北京"，灵感来自《水浒传》中"林冲夜奔"的故事。

有飞鸽扑扇着翅膀飞过天空，云淡风轻，墙角立着几支长枪，仿若是老舍短篇武侠小说《断魂枪》中那家镖局改成的客栈，"镖局改了客栈，他自己在后小院占着三间北

兵器泛着寒光立于门边，方便主人掀开门帘抄上兵器赶走踢馆者

房，大枪立在墙角，院子里有几只楼鸽。只是在夜间，他把小院的门关好，熟习熟习他的五虎断魂枪"。不知道深藏不露的客栈老板是不是也有着独家武林绝技。

## 武痴与客栈

黄鸿玺，夜奔北京的创始人，一位中国武术坚定的追随者，房客们都会亲切地称呼他为黄老师。黄老师自小生活在中国台湾，10岁左右随父母移居加拿大，并非自幼习武之人。说起他与武术的初识，有点让人啼笑皆非。因加拿大这种西方国家，若想申请到好的大学并受女孩子欢迎，做书呆子是远远不够的。为了能够读上好的大学并交到女朋友，他不得不改变不擅长运动的形象，因偶然遇到华人在公园练少林拳，于是便加入进来。

后来三年高中、四年大学，练拳渐渐成了他生活的一部分，并使他越发喜爱起来。大学毕业后，为了学习拳法的精髓，他先追随李小龙的足迹去了中国香港，后又回到台湾地区师从徐纪老师，并愈加感受到中华武术的博大精深。最后他来到中国大陆，常年奔波于各派武术发源地，与习武爱武之人学习切磋武艺。

每当他从一个拳法发源地观摩学习回来后，总是会到北京停留一阵子，对以往的学习体会做记录整理，其间他陆陆续续遇到很多不同领域的研究者在北京交流，他觉得北京是一座特别适合文化交流的城市。后来，他变卖了台湾地区的家产，重又回到北京，在四九老城内找到了一座保留完整的四合院。从此，这座青砖灰瓦的院落成了他研习武术和与其他武术爱好者交流的小天地。

1. 每逢周末，这里就聚集了天南海北的武学爱好者，以武会友
2. 在夜奔，你总会有种哪里都能发现武功秘籍的幻觉

　　四合院的房租着实是笔巨大的开支，很快积蓄便用完了，为了不离开这个喜欢的院落，他决定把空余的房间出租出去补贴房租，后来，从老舍的《断魂枪》里找到开客栈的构想，于是这个本是私家宅院的四合院摇身一变成了一家客栈。

## 中式美学

　　客栈的房间可谓是精心设计，红绿相间的木条围成明亮的窗户，金色的狮子头门闩，宽大的中式木雕床，带有精美绘画的木质床头柜，各种电器遥控器小杂物被归置在编织的箩筐里，没有富丽堂皇和夸张的装饰，有的只是雅致细腻的中式美学，充满人文特色，只要身处其间便可感受到客栈的情怀。且细看客房内的照明灯，灯罩皆为黄老师找专人设计制作，其上刻着的汉字为拳谱，一笔一画皆具深意。

　　客栈的特色是武术，黄老师也会义务教学。因"夜奔大同"和"夜奔平遥"的同步运营，黄老师部分时间不在北京。即便如此，每周的武术课程却没有落下，他专门请来一些老拳师在这里义务教拳，教授的内容不会太难，以基本动作为主，扳扳腿、下下腰、敲敲胳膊。每到周末，下午三点，院内就会聚集着前来学拳的学生，有客栈的员工，有入住的房客，也有专程过来学拳的街坊。

　　黄老师在台湾学武时，徐纪老师的武学理念对他影响很大，要想学好中国武术，首先要热爱中国文化。于是，"夜奔北京"除了每周义务的武术课程外，还会举办各种与中国传统文化相关的活动，例如毛笔书法、诗词创作、剪纸手工。

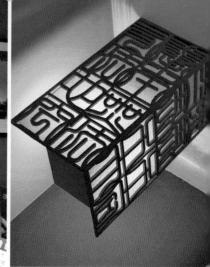

3. 夜奔完了北京也许下一站就是平遥，集天下武学所长
4. 听老板说宫灯上刻着绝世武功口诀，所以当然用着常人难识的字体

## 艺术交流与换宿

作为一个致力做文化交流平台的客栈，光有武术、传统艺术自然是不够的。随着客栈的良好运营，吸引而来的客人越来越多，他们来自世界各地，其中不乏不同领域的艺术家，一住住好久，于是留下一件艺术品或教授一节艺术课程便可免房费的"艺术家换宿"的活动便应运而生。"夜奔北京"里有一张手绘图片，是由一位加拿大的艺术家创作的。客栈收到客人的绘画后，为这位艺术家免了当晚的房费，后来才知道，她是加拿大一家动画公司的首席画师，作品无数。"通过不同的艺术平台去滋养自己，让我们的武术更丰富。"黄老师如是说。

除了艺术家可以换宿外，"夜奔北京"也为年轻的朋友提供了换宿计划，在校的大学生、想要体验生活的年轻人、喜好武术的朋友，皆可申请换宿活动，每天为客栈做一些力所能及的事情和工作，便可免去房费。在这里，既可以学习拳法，体验东方式的生活、东方式的文化，又可以开阔自己的眼界，不失为一次有趣的住宿体验。

## 📍 客栈资讯

地　　址：东城区灯草胡同6号

电　　话：010-65597966

微信公众号：夜奔文化平台

预订方式：网络/电话

房间价格：800~1000元/间

## 三联韬奋24小时书店
### ——当城市进入午夜，书店就是灯火

"当城市进入午夜，书店就是灯火。"这句话写在位于美术馆东街的三联韬奋24小时书店外，在冬日的夜晚如此动人心弦，温暖又明亮。三联韬奋，对于北京爱书之人，不仅是一家书店，更是一种情怀，如今的24小时运营模式更是引领了京城夜读新时尚。

◆ 书店特色

- ◆ 照亮城市的灯火，24小时书店
- ◆ 京城最大的夜读书店，引领夜读新时尚
- ◆ 安静的读书氛围，为夜读者设有小桌与书灯
- ◆ "书店里的大学公开课"系列讲座

### 楼梯上最美丽的风景

最早知道"三联"，是因为很久以前订阅的《三联周刊》。在埋头苦读的高中生活里，每周一期的《三联周刊》可谓是紧张生活的调节剂，它像一扇窗口，向我展现着校园外的世界，新颖又透彻。其中深刻的社会现象描述与风趣的小品文多次成为我语文考试中写作的素材，以至此次寻访三联韬奋书店，心情有些激动，有些虔诚，就像是拜访一位多年前给予过我指导和帮助的老师一般。

从美术馆一路往北走，不远的位置便可看到夜幕下灯火明亮的三联韬奋书店，书店外一行文字很是显眼，"当城市进入午夜，书店就是灯火"。推开透明的玻璃门，里面的小书桌前已经坐满了读者。橘黄色的小灯立在每一个书桌前，读者们静静翻看阅读，十分投入。

徜徉于书海间，寻得一本好书以安抚我们迷失的灵魂

　　座位有限，大多数读者皆是站立在书架旁，悉心挑选着书籍。大大的空间里书架错落有致，一如图书馆里的布局，行列之间十分整齐。书架上皆有类别与编号，如是急需找书，寻求一下服务员的帮助，很快便会找到相应的书架，可以节省很多时间。

　　书店整体分为三层，一楼和地下一层皆为书店，二层为书店辅助功能区——雕刻时光咖啡馆的所在。从一层走进地下一层，楼梯上也已坐了很多读者。陪我一起逛书店的北京老友说，三联韬奋的楼梯是他最美好的回忆，以前的三联韬奋还没有24小时营业，书桌也没有现在这么多，于是站累了就会坐在楼梯上继续读，凭着这个姿势，倒是啃下不少书籍。如今一晃多年，即便多了楼上的雕刻时光，也多了很多夜读小书桌，但楼梯上依旧坐着很多沉浸在书籍中的读者，让人有无限感怀。楼梯转角处有一面留言板，上面贴满了花花绿绿的标签，写满了读者的留言，其中有一位读者这样写道，"12年后故地重游，如果必须罗列喜欢北京的理由，三联书店的台阶一定是一个"。

1 | 2 | 3
  | 4 | 5

1. 一本书，一盏灯，迎接一缕朝阳
2. 琳琅满目的旅行宝典，在这里也许能发现你下一站的目的地
3. 在三联的书海中遇见怦然心动的小书店

书店深处远远传来掌声，原来正在举行一场公开课，这也是三联韬奋书店倡导的一项重要文化活动，众多高校学者以深入浅出的形式进行专题讲座，每次活动都座无虚席，深受书友们的喜爱。也难怪有读者留言说，这里总是充满惊喜。

## 书店就是灯火

"何时好读书？时时好读书。最好读书时，我的体会是夕阳西下时、明月当空时、夜深人静时。何处好夜读？处处好夜读。最好夜读处，我的感觉是书垒成壁处、书友为伴处、书香弥漫处、阅购两便处。"在三联韬奋24小时书店的开业仪式上，国家新闻出版广电总局副局长蒋建国致辞时如此说道。

于此夜读，是一种恰逢天时、地利、人和的最佳状态，亦是对一件事情喜爱投入的专注态度。对于立志熬夜通读的"书虫"而言，幸福感不言而喻，日月交替之间，翻过一页，继续畅读，享到天明，快哉快哉。

城市之所以多彩，在于不同爱好的人们创造的多元的生活。城市的夜晚有热闹的夜店、有迷醉的酒吧，更应有一处书店，满足人们求知的渴望、温暖着人们的精神世界。

4. 三民书局出版的繁体字古籍

5. 有张纸片上写到"12年后故地重游，如果必须罗列一个喜欢北京的理由，三联书店的台阶一定是一个"

离开时远远看身后三联韬奋的灯火，在深深夜色中显得那么微薄，但即便是渐行渐远却依旧可见，如同心中的明灯，长亮不熄。

📍 书店资讯

地　　址：东城区美术馆东街22号

电　　话：010-64002710

## 繁星戏剧村
### ——小剧场更有戏

曾以为这座繁华都市无外乎车如流水马如龙，平时的娱乐消遣也不过是逛街、吃饭、看电影。直到有一天路过繁星戏剧村，鬼使神差进去看了一场话剧，倒是唤起了我许久未有的情感共鸣。话剧的身临其境与电影的单一输入有极大不同的情感体验，如果你来北京，不妨来此感受一下小剧场的魅力。

◆ **剧场特色**

- ◆ 先锋戏剧与传统戏曲相结合
- ◆ 剧场、书店、咖啡馆多元化经营
- ◆ 紧邻天主教堂南堂
- ◆ 小剧场更有戏，舞台观众零距离

### 那次奋不顾身的爱情

"想看话剧，还是要待在北京。"有位导演专业的朋友来京游玩时感叹道，对此我无比赞同。

最近一次看话剧是一年前在繁星戏剧村观看《那次奋不顾身的爱情》，虽然时间已过去很久，但台上演员的精彩表演却令我久久难以忘怀。

《那次奋不顾身的爱情》是一场让人悲喜交加、深受感动的话剧。年轻的富家子弟周爱国整日玩世不恭、游戏人生，却有一位知书达理、思想传统的奶奶淑珍。在一次与奶奶的冲突中，爱国驾车出了车祸却意外穿越到奶奶的年代。爱国、淑珍与同时代的两位同学上演了两段夹杂着国家存亡、爱恨情仇的故事。戏剧上半场为喜剧基调，全场观众掌声不断，忍不住捧腹大笑；后半场转入悲剧，战争的摧残、时空的距离让两对情侣

大多数年轻人对于戏曲艺术的理解大多停留在"咿咿呀呀"吊嗓子，而从上座率来看，本次戏曲艺术节是成功的

面临着永远的别离，观众泪流满面又陷入沉思。

剧中有一段台词让人记忆犹新："有些人出现了，又走了。然后一切回归原点，只是多了一份沉甸甸的回忆。时光打磨，没有让它暗淡，反而更加刻骨铭心。那些出现在年华里的人，不论是属于爱情还是友情都同样刻骨铭心。因为他们教会你勇敢，教会你坚强，教会你等他们全部离开时，你也可以一个人向前走，不害怕，不迷茫。"

## 玩转小剧场

现场看话剧与坐在电影院里看特效大片绝对是不一样的感官体会，电影播放的是最终成效的拷贝，千篇一律一帧不差；而话剧演员每一次表演都需投入角色倾注情感，场场相似却绝不完全一致，且观众的情绪也会影响到演员的现场发挥，于是乎每个场次的演出均是独一无二的，这种感受非电影观众能够感悟。

有限的空间拉近了舞台与观众的距离，话剧表演的张力更为生动传情，台上演员举手投足每个细微的动作与表情都更加深刻地刺激着观众的感官，无论欢笑、泪水，仿佛置身戏中，与剧中角色一起喜怒哀乐。如此一来，更能体会到繁星戏剧村倡导的那句"玩转小剧场，有你更有戏"的含义了。

1│2　　1. 剧目《倾国》。英雄多情，美人多娇，一段重写的历史中夫差、西施浪漫的爱情故事
　　　　2. 面对一份倾国之情，即使献出生命又如何

## 传承文化，戏剧创新

　　繁星艺术村不仅是上演现代青春话剧的年轻剧场，还是汇聚了话剧演出、咖啡阅读、艺术展览、餐饮等多样功能的国内首家体验型戏剧文化产业园。虽是寒冬腊月，但却恰逢戏剧村承办的第二届当代小剧场戏曲艺术节，艺术村内灯火辉煌好不热闹。一个半月的时间轮番上演十几部戏曲大戏，有京剧《荼蘼花开》、昆曲《四声猿·翠香梦》、豫剧《伤逝》、河北梆子《陈三两》、新编戏曲《倾国》，古老的戏曲通过现代的舞台呈现给观众，不啻为一种极具创新的艺术传播形式，而且更贴合了小剧场戏曲艺术节"承传、创新、实验、青春、未来"的主题。

　　至今仍记得初看《倾国》，西施一袭水袖，眸似秋水，咿咿呀呀的唱腔婉转悠扬，让我第一次感受到京剧唱腔和演绎的魅力。《倾国》这出戏剧并非单纯讲述西施和夫差的爱情故事，编剧在历史传说的基础上加入了新的构想和编排，使之蕴含着"成王败寇的历史观、昏君与忠臣的辩证关系、红颜祸水的逻辑漏洞"。

　　如果你来北京，不妨感受一下文化中心特有的小剧场文化，在不同的戏剧中，邂逅一段独一无二的专属回忆。

## 📍 剧场资讯

**地　　址：**西城区宣武门内大街抄手胡同64号

**电　　话：**010-66035486

**特色推荐：**《那次奋不顾身的爱情》《那次说走就走的旅行》

# 饮品店
## YINPIN DIAN

## 八角楼咖啡馆
### ——角楼、河畔，岁月静好

从故宫北门出来，告别熙熙攘攘的人群，角楼边上的八角楼咖啡馆出现得恰到好处。店铺是20世纪80年代的老北京家装风格，老板也是地道的北京大爷，给人一种家常的温暖感。落叶飘零的深秋的午后，或是月色朦胧的夜色里，坐在这家咖啡馆静静看着对面角楼，总是有种难以言喻的浪漫情怀。

◆ **饮品店特色**

- ◆ 深秋雨后望角楼
- ◆ 月色朦胧赏故宫
- ◆ 居家的装饰给人家庭般的温暖
- ◆ 质朴的年代感，有很多小人书可以翻看

### 雨中偶遇，却有别样情趣

今年北京的雨水特别多，刚刚还是晴空万里，转眼间天色便阴沉下来，不一会儿便飘起了细雨。雨滴不大，但却繁密，借着秋风洋洋洒洒。沿着筒子河路过东北角楼，很自然地便会看到这家小小的咖啡馆，微黄的灯光在初秋的傍晚让人觉得格外温暖。

小店给人一种特别的年代感，钩花的桌布就如小时候妈妈亲手钩织的那种，沙发垫也是20世纪80年代家家户户都有的电视布改制而成，店里的墙上挂着的老板娘的老照片微微有些泛黄。门口停着一辆永久牌二八自行车，别以为这是咖啡馆的复古道具，这可是真的老板每天的交通工具。

店里现煮的咖啡醇香可口，提供的简餐虽不惊艳，但满足你的味蕾也是绰绰有余。因咖啡馆是自家房子，没有高昂的租金，老板又局气得很，故咖啡馆里饮品、小食价格

最好是深秋的雨后来到这里，落叶飘零，一眼便可望见对面角楼

都十分亲民。老板跟老板娘都略微上了点年纪，亲切又热情，赶上夏日，可是要问老板娘讨上一杯酸梅汤的，老板娘亲自熬制的汤汁酸甜可口，大口喝下去暑气着实消了不少。

点了杯咖啡坐在窗边，恰有老板的朋友溜达着到店里，两个北京大爷聊着北京的变化，说起以前的苏式宿舍楼层距有多高，还有骑过了几辆永久牌自行车又被偷了几辆……每当这时，任谁都会忍不住嘴角上扬，这场景配上店里的装饰，没有一丝一毫的矫情，可以说不小资、不浪漫，可待着总是特别安心，仿佛回到了20世纪80年代的老北京。

## 咖啡如常，这里的时光不一样

我问老板，北京最美是什么时候？老板不假思索地说，深秋的雨后。

很多年前，咖啡馆前面的道路还没有围挡，每当深秋时分，落叶飘零，雨后的空气

墙面上挂着老板娘年轻时的照片，步入店内就如来到20世纪80年代朋友家的客厅一般

总是格外清新。坐在这街角的咖啡馆里，透过玻璃窗就可看到对面的角楼，孤零零的有些悲凉。筒子河里的水如秋月般平静，只有偶入其间的落叶泛起涟漪，一圈一圈，越漂越远。

咖啡馆里有一堆小人书，有《水浒传》也有《红楼梦》，随手翻开的一本是《宝玉出走》"宝玉成婚之夜，发觉娶来的不是黛玉而是宝钗，顿时昏厥过去；同时，潇湘馆那边，黛玉也恰在此时抱恨而死"。之前是读过完整版《红楼梦》的，如今翻着小人书，虽文字情节因小人书的排版需求简短了很多，但清新的线条绘图却更有代入感，不禁觉得鼻子有些酸楚，这样的情节，又是在这样一个秋雨薄凉的傍晚，真是让人忍不住要悲秋了。

手里的咖啡依旧温热，抿了一口，赶紧换了一本《元春省亲》，书里的场景处处张灯结彩喜气洋洋，好不热闹，伴着咖啡浓浓的榛子香顿时暖了心。

筒子河畔，角楼旁，咖啡馆里翻上几本小人书，听听老北京聊聊家常，在这里，有

1. 低头看小人书，抬头可望见对面角楼，只觉岁月静好　　2. 泡沫丰富的咖啡价格十分亲民

一种特别的感觉，这种温馨怡然只怕在其他的咖啡馆再难体会到。下次再来，哪怕就坐在窗边，静静地看着角楼，想必也是极好的。

## 📍 饮品店资讯

地　　址：东城区五四大街(近景山南门)

人均消费：40元

特色推荐：焦糖卡布奇诺、酸梅汤

# 诗意栖居咖啡馆

## ——咖啡在左，故宫在右，旅行在脚下

"咖啡在左，故宫在右，旅行在脚下"这是诗意栖居咖啡馆在豆瓣小站上的一句话，这家小巧的咖啡馆将这句话践行得淋漓尽致。房间里弥漫着咖啡的香气，透过二楼窗口可看见故宫角楼，一面墙壁上挂着世界地图，每一个角落里都有书籍，大多数关于旅行。青春活泼的氛围映衬着古老故宫和胡同的沧桑沉稳，没有任何一个地方比这里更能代表京城的情调。

◆ 饮品店特色

◆ 抱着店内的毛绒大熊一起赏故宫
◆ 美味的甜品、好客的店主、愉快的氛围
◆ 店主是位马拉松狂热者，来和美女约跑吧

### 在柔媚的湛蓝中诗意栖居

据说北京冬季最冷的时候，气温在零下16度，风里带着刺骨的寒凉。靠近东华门的南池子大街上，槐树已掉光了叶子，老胡同显得有些灰霾。走在这条路上，一间清丽的蓝色小屋不容错过，盛开的花朵，温暖的灯光，融化了满身风霜。

诗意栖居咖啡馆，不知店主是否有读过古典浪漫主义诗人荷尔德林的诗歌《在柔媚的湛蓝中》，他说："在柔媚的湛蓝中，教堂钟楼盛开金属尖顶。燕语低回，蔚蓝萦怀。旭日冉冉升起，尽染金属尖顶，风中，风向标在高处瑟瑟作响。"

推开咖啡馆的门，小铃铛丁零作响。有位黑人小伙坐在吧台，刚喝光一杯咖啡，准备离开。吧台后的女生热情地打着招呼，并不着急问客人要点些什么，只是推了推手中的巧克力盒，开心地说："这里有俄罗斯的巧克力，快来尝一尝。"

1 | 2 | 3    1. 店主是个酷爱跑步的姑娘，墙上挂满了她历次跑马拉松得来的奖牌。屋外寒风凛冽，依旧无法阻挡姑娘呼朋引伴环城夜跑的心

## 五彩缤纷马拉松

吧台后面的墙壁上挂满了世界各地马拉松比赛的纪念牌，五彩缤纷，形状各异。我问店主："这些都是你自己跑下来的？"她点头说是。其中有一张参赛牌有"建发集团"四字，问她是不是厦门国际马拉松，女孩微笑，用她特有的轻松活泼的语调说："是的，那是我的首马。"我也笑，"那也是我的首马。"

因为有过跑马拉松的经历，所以深知其中不易，也深知其中的乐趣。对于很多人来说，40多千米的长度听着仅仅是个很可怕的数字，却不知马拉松不仅是一项体育竞技活动，更可作为全民参与的健身活动，名次、速度、长度并不是它最主要的意义。厦门的清新，中国台湾的活泼，伦敦的暖心，迪拜的华丽，每一场城市马拉松，都有它特有的城市风情。而跑步的参赛者们在漫长、单调的步调中有了更多的交流，这种特殊的文化融合更是马拉松运动中最独特的魅力。

店主接着说："刚才那个黑人朋友是我的马友，我们一起去跑马拉松，总是有很多人追在后面给我们加油。"

我好奇地问："是不是因为你们跑得都很快？"

店主扑哧一笑："才不是，我们是都跑得很慢。"也难怪，看到黑人朋友，总会想到肯尼亚的长跑冠军，赚到这么多的加油声也是自然的事情。只是速度极度拉低了黑人朋友在世界观众心中的期待值，不知这位黑人朋友的内心是否也有些小无奈呢？

### 一半是世界，一半是北平

小店分上、下两层，仿若划分成了单独的小世界。一层靠墙的书架上摆放着各种旅行书籍，菲律宾、墨西哥、德国、英国、希腊，一横排满满的《Longly Planet》，除

2. 北欧风的宜家小灯散发着诗意般温暖的灯光

3. 如此可爱的灯罩我只想问哪儿买的？万能的不是淘宝，而是你那一颗感受美好的心灵

了旅游攻略外，更多的还是《搭车十年》《北极光》《这世界啊，随他去吧》《迟到的间隔年》等畅销游记，书内风景如画、情节动人，让人心生向往，恨不得立刻收拾行囊起航去远方。

恰好店主的弟弟带着朋友来玩，一层的小空间瞬间变成了阿拉伯王子cosplay。因店主刚收到朋友从迪拜送来的纱巾，几个大男孩玩心颇重，硬是要求体验一下阿拉伯文化，于是店主姐姐把纱巾拧一拧，摇身一变成了头巾。戴上头巾的男生也颇为配合，抱起一把小吉他，像是弹唱着一首欢快的阿拉伯舞曲。

置物架上还有店主从世界各地背来的小物件，玻璃器皿、陶瓷人偶、串珠手链，我不知道它们从哪里来，但琳琅满目、独具风情，好似透过它们已经看到了世界的风景。

二楼空间不大，仅可容纳三张小桌，一只玩具小熊坐在高凳上，笑容可掬地欢迎着来此的客人。靠窗的位置有一个柔软的沙发，端一杯香浓的奶茶慢慢享受。透过窗户，可眺望故宫东华门的角楼。下过雪的黄昏，光线迷离，窗外风景似穿越回到北平时。灰色的胡同砖瓦和艳丽的红色角楼皆被白雪覆盖，茫茫一片，宛如世界初生。如是在夏日夜晚，推开大大的玻璃门，明月清风，又是别样风情。

## 📍 饮品店资讯

**地　　址：**东城区南池子大街15号

**电　　话：**010-65256505

**人均消费：**30元

**特色推荐：**咖啡、奶茶（其实每样饮品味道都不错）

# 1901café
## ——假如时光可以停留

说起北京城的教堂，精美华丽非西什库莫属，只是身居巷内，游人罕至，不似位于王府井的东堂整日游人如织。教堂内的神职人员礼貌而热心，会耐心地为游客讲述教堂的历史。教堂配楼现已改造为1901café，踏上吱呀作响的木质楼梯，点上一杯咖啡，静静坐着，时光仿佛也会为此停留。

◆ 饮品店特色

◆ 紧邻哥特式教堂与中式庭院结合的西什库教堂
◆ 建筑主体有百年历史
◆ 复古的情调与咖啡沙龙
◆ 翻不完的书

### 西什库天主教堂里有家咖啡馆

紫禁城西侧北海南沿有一座历史悠久的天主教堂，名曰西什库教堂。因其较同时期的其他教堂而言位于内城靠北的位置，故别名"北堂"。

教堂正门并不显眼，在一条小巷的尽头，名牌也没有十足的大气，只在小小的正门旁边挂有竖版的木联，上写"西什库天主堂"。院内青松翠柏一片肃静，高大的哥特式建筑在蓝天的映衬下更显洁净，高高的尖塔透露着教堂的神圣，红色的拱门、圆形的玫瑰花窗柔和了整个建筑的线条。与主楼相得益彰的是两座中式亭子，黄色的琉璃瓦、红色的木柱、精致的雕花，可谓是皇家建筑用色及设计的典范，亭内安放着两通乾隆皇帝手书御碑，更有中式的石狮子环绕碑亭。西式教堂与中式庭院完美结合令人赞叹。

教堂有一栋三层配楼临街而立，现在经营着一家咖啡馆，因该配楼始建于1901年，故咖啡馆名曰"1901café"。

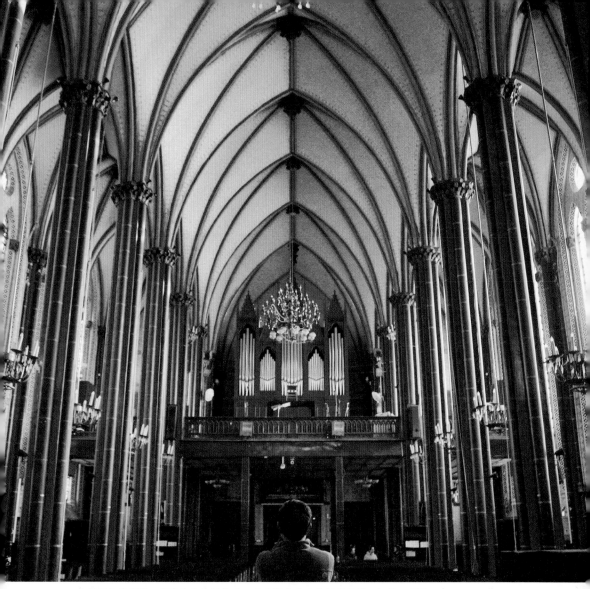

教堂里的管风琴，每逢重大宗教节日，这里皆会奏响悠扬的圣歌，轻缓、温柔

## 只愿被时光温柔相待

灰色的外墙、尖尖的塔顶，咖啡馆依然保留着教堂配楼最初的模样。一层的古老地砖已磨光甚至损坏。服务生介绍说，这些地砖虽不是教堂建筑原始地砖，但皆为老板从其他同时期拆除的古建中搜罗而来，竭尽所能去还原建筑曾经的风貌。室内灯光昏黄，踏上咯吱咯吱的木质楼梯，仿佛已穿越到另外一个时代。

选个靠窗的位置缩在沙发里，冬日的阳光从雕花的玻璃窗上洒落，光影斑驳。店内书架上摆满了书，有关文学、艺术、经济、逻辑，应有尽有，很容易便可选上一本自己

1 | 2 / 3
1. 宽敞的二层空间，书架做屏风，既可划分出独立空间又充满了文艺的气息
2. 楼梯间的老式转盘电话　3. 冬日的阳光从雕花的玻璃窗上洒落，光影斑驳

喜欢的，静静翻阅着。谁也不清楚，在这座布满历史风尘的洋楼里发生过哪些有趣的、悲伤的、欣喜的故事，好像仅仅是坐在这里，整个人也变得有故事了一般。

　　咖啡馆整体空间很是宽敞，除了一楼的临窗小木桌外，二楼十几组软沙发，还有几处小巧的私密空间。三层有一处抬高了的半层空间，长条木桌可以容纳七八个人同时用餐，书架与衣架的即视感让这里如同家里的小客厅，一群好友相聚在此，看书、聊天、享受美食，不用拘谨，轻松而自在。

　　因是冬天，小天台已经关闭，如果是在天气暖和的季节，这里应是另一番热闹景象。盛开了的花朵、闪烁着的星空、隐约从教堂里传来唱诗班的吟唱，来此休憩的人们只愿被时光温柔相待。

📍 **饮品店资讯**

地　　址：西城区西安门大街101号
电　　话：010-65596556
人均消费：80元
特色推荐：1901咖啡

## 海鸥食堂
### ——胡同里的温暖味道

最初知道海鸥食堂，是因为一部日本同名电影《海鸥食堂》，于是想当然以为位于育群胡同的这家海鸥食堂是一家日料小馆，来访后才发现并非如此。经典的土豆比萨软糯可口，配上各式独创的时令饮品，满满都是正能量。

◆ 餐厅特色

◆ 招牌美食，软糯土豆搭配香浓芝士
◆ 电影同名餐馆，清新的日系风格
◆ 胡同里的小馆，简单温暖的味道

### 这里有家海鸥食堂

在段祺瑞执政府的对面有一条小小的胡同，叫作育群胡同。不似段府的宏伟气派，这里全是低矮灰暗的平房，住的也是寻常百姓。七折八拐，倒也不用心急，当你看到白墙灰瓦、蓝色的招牌上写着"海鸥食堂"，便是到了。

这里是一家pizza店，店名取自一部日本电影《海鸥食堂》，推门而入，服务生礼貌地打着招呼，声音轻轻柔柔，热情却不过度，给人舒服的感觉，如电影里的女主角一般。小店的墙面上挂着一张电影剧照，摆台上有玩偶小鹿和松果，还有三台复古相机。清新的日系风格也如电影里的场景。

《海鸥食堂》这部电影之前看了很多遍，在海鸥翱翔的芬兰海边小镇，日本女生幸惠开了家传统饭团食堂，热爱日本文化每天都来喝免费咖啡的芬兰男孩，在地图上闭眼随手一指便来芬兰的绿子，因为吉他大赛而来又因航空公司弄丢了行李箱被迫滞留在芬

朴素的小屋、温暖的灯光，以及屋顶那句"hello! stranger…"都是对电影最深刻的体会

兰的正子，一脸怨念前来拼酒却逢酒必醉的芬兰大妈，他们在这家食堂相遇，展开了几段未知结局却美好温暖的故事。从门可罗雀到门庭若市，小店的转折来自肉桂卷，馥郁的肉桂芬芳，慢慢征服了挑剔的芬兰本土食客。我们无须知道后来的故事，但电影结局里欢快温馨的画面已有暗示，我相信美食天生自带魔力，像能够抚慰人心的天使，不论我们经历过多少磨难和困顿，未来又会有怎样的荆棘和挑战，在接触到美食的那一刻，也会短暂忘却。

"这不是餐厅，是食堂，是那种更贴近人的温暖食地。人们只是在路过的时候，随意进来歇歇脚。"电影里幸惠对绿子说的话可谓是对海鸥食堂最准确的定位。而位于育群胡同这家食堂的创始人也是因为这部电影的启发，才有了这么一家店面。小小的面积，几张桌子，两个人料理着刚刚好，不过度宣传和推介，只是在你路过的时候恰好想要进来而已。

## 百变土豆有滋有味

这里没有其他餐厅的喧嚣，静下心来方能认真品尝食材本身的味道。食堂的招牌是土豆比萨，以软糯的土豆做底，配上各式比萨常用的金枪鱼、培根、菌子或新鲜果蔬，一款款与众不同的比萨便呈现在眼前。因着底料不同，吃法也较普通比萨有所差异，不需用滚刀切成一块一块，只要勺子挖出递入口中便可，颇有吃土豆泥的感觉。店主甚是贴

1 | 2　　　1. 简单的家具、整洁的空间，每一样装饰物都如空调上的三只小鸭，起到点睛亮心的作用
　　　　　2. 一如电影中幸惠所传达的情感，简单、纯真是对顾客最美的馈赠

心，即便小小的九寸比萨也可选择两种不同口味拼凑。店里的时令饮品冬瓜茶，尝了尝口感也颇为惊艳。不似冬瓜做菜时的清淡，有种厚重的醇香。笑问服务生有什么秘方，服务生大大方方也不隐藏，说在冬瓜茶里加了红糖一起熬制才增添了茶汤的厚重感。

　　有胡同里的孩童过来点餐，与服务生熟悉地问候，俨然已是这里的常客。窗外，胡同两侧的大槐树枝丫繁茂，在胡同中形成拱形，夕阳的光线从枝叶的缝隙洒落，丝丝缕缕甚是好看。有悠闲地骑二八自行车的大叔，也有骑山地车飞闪而过的少年，还有坐在学步车里咿呀学语的孩童，铃铛声回响在胡同里，一切都是生活的气息。这家深藏在胡同里的比萨店俨然已与周围融为一体，展现着生活本身的模样，平淡而真实。

📍 餐厅资讯 ————————————————————

地　　址：东城区育群胡同26号院对面(165中学南门旁、近串府)
电　　话：13466779421
人均消费：70元
特色推荐：土豆比萨、薄荷蜜柚汁、冬瓜茶

# 五道口

## 菁菁校园，匆匆那年

自从五道口的学区房以十几万一平方米的价格刷新着国内房价的纪录，五道口便被大家戏谑地冠上了"宇宙中心"的名头。在高昂的房价背后，是其所依托的清华、北大两大高等学府的优质教育资源及其浓厚的历史文化价值。

这里并非古老皇城，因此很难看到老北京的元素，没有遛鸟的大爷，没有灰砖红墙的胡同，也没有参天的老槐树。在校园里、地铁中、写字楼旁，人们大多步履匆忙，表情严肃，是寒窗苦读的学子追逐着理想，是全国各地蜂拥而来的年轻人怀揣着梦想，把这里当作梦工厂。

正如歌中唱的，生活不只是眼前的苟且，还有诗和远方。在五道口这片神奇的地方，人们在疯狂追梦的同时，也在追寻着诗意。

在静谧的清晨，走在校园里的林荫小道，听一听学子的琅琅书声；在豆瓣书店、万圣书园的书海中挑选一本心仪的书，慰藉一下疲惫的心灵；走累了就去蓝羊咖啡小憩一下，尝尝美味的糕点，逗逗活泼的猫咪；或者来份桥咖啡精致的早午餐、悉心准备晚间丰富的文化沙龙；最美是在黑沉沉的夜里，赏自己一片荷塘月色……

校园内年代久远的建筑与繁茂高大的林木见证着一代一代的学术盛景，一砖一木仿若带着温度，无声地诉说着曾经的故事；校园外高楼林立、商铺云集，但不乏清新文艺或严肃庄重的气氛。校内校外虽然是两个截然不同的世界，但仿若有种说不清道不明的东西连接着彼此，无形之中形成独一无二的小世界。

所有人第一次听说豆瓣书店，总是会疑惑书店与大名鼎鼎的「豆瓣网」有没有关系。其实这个还真没有，若是说起缘由，倒也简单得很。据说店主去工商局注册的时候，前三个心仪的名字全部被别人注册了，这个作为第四个备选的名字就这样阴错阳差成了店名并一直持续至今，并成为京城文艺青年的淘书圣地。

◆ 书店特色

◆ 店面虽小却有格调
◆ 名校学子们的淘书圣地
◆ 低价折扣也可买到书中经典
◆ 有创意书签与书包

书友的淘书圣地

豆瓣书店离清华大学正门有一段不长不短的路程，开在居民区临街的底商，并不显眼。路过的时候已是傍晚，冬日的夜总是来得格外早，才刚五点不到天色便已暗了下来。远远望见店内暖黄色的灯光，让人觉得分外温暖。

店内有几位客人，站在不同的书架边挑选着自己喜爱的书籍。店内的书按照出版商排列，如之前做过了解，或是已记下了想要买的书籍对应的出版商，顺着书架上的标识总是很容易找到。

有位男生轻声问店主，请问某本哲学的书这里有吗？店主引领着指着书架前排的位置，轻声回答说在这里。男生伸手去拿，小心翼翼地翻看着，忽又抬头问，这本书有英文版吗？店主带着歉意回答说没有。男生脸上隐隐露出一丝失望的表情，但一瞬间便消

空间虽然狭小，但书籍排列整齐

失了，只见他摩挲着手中中文版书的封面，仍然是一副心满意足的表情。

## 触动人的低价折扣

选书的时候旁边有位女生，与刚刚那位男生一样透着些许学生气，想必也是附近高校的学生。她一遍一遍顺着书架翻看着书，好像挑到一本喜欢的，赶紧跑到前台问店主，请问这本书打几折？店主回答说，六折。听闻后女生开心地又返回书架，耐心挑选其他心爱的书籍，似乎对这个价格很满意。

豆瓣书店的图书折扣我是早有耳闻，据说常年基本折扣都保持在四五折，更有五元特价书等。可看到书架上崭新的正版书籍，如此低的折扣还是让我有些惊讶。记得之前无意中曾看过店主在豆瓣网上发的一篇文章，大意是有位读者不厌其烦地问了店主三遍这里的书是不是正版，让店主好生无奈。

若要问店内正版图书为何可以给予如此大的折扣，答案便是店主与众不同的进书渠道。店内的图书大多是各出版社的库存书及退书，这些图书虽然价格低廉，但都是高质量的经典书籍。当然店内还有少量的二手书籍，也皆为店主亲力亲为挑选而来，很多也都是人文经典之作。

1. 窗台上随意摆放的花朵与莲蓬，简洁质朴却充满美感
2. 店内还有帆布书包，拎起十几本书绝对没有问题
3. 常年都有5元、10元特价书籍，低价却不低价值
4. 豆瓣书店原创明信片，黑猫是豆瓣书店的小明星

## 我怎样毁了我的一生

店内第一排的书架上有签字笔抄录法国诗人贝尔当·桑帝尼的一首短诗，叫作《我怎样毁了我的一生》，读后竟有醍醐灌顶的感觉。"小时候，我住在一个巨大的城堡里，城堡坐落在一片奇妙的森林中，每一天都是阳光明媚。我从来不会感到孤独，我有数不清的宝贝。我很英俊。我很聪明。可是有一天，我长大了……我变得愚蠢，说谎，虚荣，庸俗，我一贫如洗，丑陋不堪，没有人爱，没有朋友，我就是这样毁了我的一生。"

在五道口这个号称"宇宙中心"的地方，这家小小的书店，不奢华、不美丽，甚至狭小拥挤，可是它却为我们的心灵提供了小小的栖息之地，在这里忍不住就会思索人生的意义，那些看似光鲜的外表，美好华丽的人生，真的会让我们快乐吗？愚蠢、说谎、虚荣、庸俗，我们自以为是的成熟却失去了本心，最终只会让心灵无所依靠、倍感孤独。这时候你需要一本经典之作，与世界上最优秀的灵魂去沟通交流，他们自会教你如何真正成长。

📍 书店资讯

地　　址：海淀区成府路262号
电　　话：010-82626408

## 万圣书园

### 「宇宙中心」的精神地标

如果你想拥有一段与众不同的文艺之旅，万圣书园一定不容错过。坐落于北京最具书卷气息的五道口，万圣书园有一种特别的腔调。它选择的书籍以学术为主，专属于自己的学术氛围，被誉为「北京最具人文气息的书店」，国学大师季羡林也曾赞叹它有着不可替代的地位。

◆ 书店特色

◆ 京城最具文化气息的书店
◆ 最博览群书的猫馆长
◆ 以思想类书籍为主，备受文化圈推崇

### 万圣有其不可替代的地位

万圣书园位于清华、北大之间，独特的地理位置为这家民营书店的生存发展提供了良好的学术环境，这里更是被誉为北京最具人文气息的书店。其经营的书籍范围以人文社科、哲学、法律等思想性专业性书籍为主，在此很难找到心灵鸡汤等快餐书及时下众多成功学畅销书，而恰恰就是那些看上去生僻、拥有独立价值观的书才使得万圣书园成了书友心目中的圣地。

这种独特的定位，是对经典文化的捍卫与传承，也是理想主义者的坚持。正因如此，万圣书园得以被书友及文化圈所支持与认同，也难怪国学大师季羡林先生曾在一次文化沙龙上赞叹道："万圣有其不可替代的地位。"

### 文化的交流中心

万圣书园中经营着一家咖啡馆，名叫醒客。这家咖啡馆可以说是以文化取胜。在书

1 | 2 | 3 | 4
1. 作为一家有态度的民营书店，为读者推荐几本好书是其作为文化捍卫者的责任与义务
2. 错落有致的书架、排列整齐的书籍、沉浸其中的读者，是万圣书园最常见的风景

店选中一本心仪的书籍，伴着一杯醇香的咖啡细细品味，或是两三书友对着书中的某个论点进行交流讨论，都是这家书店最为常见的场景。两位年轻人坐在隔壁，轻言细语地谈论着，隐约可以听到"自我意识"和"物质欲望"的字眼，不知道是不是在交流着黑格尔的辩证法。他们的眼神如此明亮，仿佛可以看到希望。

很多读者都会好奇店名背后的故事及其鬼脸图案店标的内涵，网络上众说纷纭，有人说是因为创始人的生日是万圣节，也有人说有一万个圣人的意思。记得曾经看到一篇对话万圣书园创始人刘苏里的访谈录，对万圣的名字及店标做了最为真切的说明。

万圣的名字与创办人的出生日期确实有关，但后面却被赋予了更多的寓意，一如万圣的店标，其上半部分取自贵州鬼节傩的面具，下半部分是印第安鬼的形象，同为"鬼节"，却有着不同的文化内涵。贵州鬼节旨在丰收后举行仪式用以驱鬼逐疫，西方的万圣节为希望鬼来保佑下一年的丰收。东、西方两个"鬼"毫无违和地整合成一个店标，寓意着中西方不同文化的交流。

### 坐拥书城的猫馆长

几乎每所高校的图书馆都有一位名誉"猫馆长"，万圣书园也不例外。只是这里的"猫馆长"少了些慵懒，整日穿梭在书架上、过道中，踱着稳重的步伐，似一位严肃冷峻的学者，透露着浓厚的文化气质。

书友们对这只猫咪很是喜爱，挑选书籍之时如果恰好遇到它在身边，总是会忍不

3. 雕花窗户的另一边是醒客咖啡，两位年轻人在轻言细语地讨论着黑格尔的辩证法
4. 万圣书园被誉为京城最具人文气息的书店，这只猫也顺其自然地成了最博览群书的猫

住逗一逗。除了获得书友的喜爱外，万圣书园本身对在这里生活的猫咪给予了极大的尊重。万圣书园最有名气的猫咪叫作"平安"，在万圣书园22岁生日的时候，老板娘在文章中如此描述："'平安'的到来，以及健康活过10年，给了我们另外启示，即一间书店，其立体构成，除读者、店家、书籍和价值立场，还有鲜活可感的其他精灵——动植物。后者的存在，使得书店小世界，显得完整，有活力，因而生机盎然。'平安'对自己的角色定位，有意识，有逻辑，亦有边界。以它特有的功能、方式，与人界感应交流，相互激荡。"

**♀ 书店资讯** ──────────────────

地　　址：海淀区成府路北（文津国际酒店西侧）

电　　话：010-62768748

蓝羊咖啡 &
蓝羊书坊
——丢不下的是情怀

初次寻访蓝羊咖啡，并不是件容易的事情。咖啡馆隐匿在一条老旧的胡同中，若不是刻意寻来，很容易便会错过。但这不太方便的地理位置却丝毫不影响它在五道口学子心中的地位，它在五道口俨然已经成为一种生活方式的象征。来蓝羊喝杯咖啡，读一本书，一段寻常的午后时光透露着20世纪文艺沙龙的优雅，让人印象深刻。

◆ **饮品店特色**

- ◆ 清华西门外僻居静巷的四合院咖啡馆
- ◆ 是书吧也是文艺电影爱好者的集散地
- ◆ 用料天然、包装精美的手工小点心
- ◆ 两只安静的猫咪和一棵柿子树

### 斯是陋巷，内有洞天

从清华西门出来往北走，第二个胡同便是蓝羊咖啡馆的所在地。初次前去有些迷路，来来回回走了两遍才发现这条狭小的胡同。有附近居民正在搬家，一台三轮车正巧堵住了胡同口，四五个搬家师傅在为一个柜子忙碌着，使着劲想把它挪到三轮车上。印象中文艺清新的咖啡馆会藏在一个如此偏僻杂乱的胡同中还是让人忍不住惊讶的，我踮着脚尖想要往里看得更多，生怕走错了路。

随着一阵发动机的轰鸣，三轮车驶出小胡同，抬头才发现，其实蓝羊咖啡就在我对面，刚刚柜子挡住了视线，其实也没那么难找。深褐色的招牌上写着"蓝羊咖啡，blue goat book cafe"，木门上手绘了一幅人像，也许是老板的自画像，也许是老板喜爱的某位艺术家的肖像。

时逢圣诞节，店内烘焙了美味的甜点，装进精美的包装里，在这里独享静谧的时候也给亲朋带走一份甜蜜

推开半掩的木门，一只猫咪忽地一下蹿出来，停在桌子下回过头来看我，可能推门的声音惊到了它。

院子里有棵柿子树，没有夏日里繁茂的枝叶，也没有秋日火红的柿子，此刻只有干枯的枝丫，在寒风中瑟瑟发抖，十分萧瑟。于是屋内暖黄的灯光与院子里冷清的冬日景色形成了鲜明的对比。

轻轻推开门，扑面而来的暖意让人有种幸福突然而来的感觉，空气里充满了咖啡的醇香，还有丝丝蛋糕的甜香，带着浓厚的节日气息。因为圣诞将近，小店还准备了手工糕点礼盒，里面有牛轧糖、枣糕、杏仁饼干等多种口味的甜点，蓝白色调的包装袋上身着红衣的圣诞老人手捧着礼盒，不知哪位熟睡的孩童可以收到这份甜蜜的礼物。

## 有味道更有情怀

点了一杯拿铁，静静坐在角落里。墙面上有涂鸦，想是设计出身的店主亲自绘制而成。一间大房间被一面墙隔成了互不干扰的两个空间，墙面上有镂空的窗户，一瓶盛开着的向日葵让房间充满了诗意的氛围。

1 | 2 | 4
-- | 3 | 5

1. 一处惬意角落，花朵增添了空间里的生机
2. 拥有一个暖心的大白是每一个热爱生活的人最纯真的梦想
3. 书架上摆满了书，可以轻松打发一下午的时光

书架上摆满了书，最下面一排最右边的位置上摆放着一本杨绛的《我们仨》，这本书创作于杨绛92岁的时候，讲述了她与钱锺书及其女儿63年来经历的风风雨雨与生活点滴。坐在这家紧挨着清华园的小小咖啡馆里，我比任何一刻都感受到了书中的情谊。

这里的客厅是有情调、有味道的咖啡屋，院内厢房还有一个书坊，因为门脸较小，很不容易发现，但对于许多清华学子来说，走进来倒是会直奔主题、轻车熟路。

小巧的书吧里大多为文艺类书籍，有很多与电影相关。难得的是这里还售卖着文艺电影碟片，十分复古的感觉。这里时常会举办观影活动，年轻学子相聚一堂，看电影、喝咖啡、聊聊艺术与生活，仿若是20世纪的文艺沙龙一般。

不少人说，这里是一家有情调的咖啡书吧，但我想说，不能用"情调"二字，应是"情怀"。虽然经过四次搬迁但均比邻学府，虽深居陋巷却似世外桃源。我想店主想要创造的并不是现磨咖啡、手工甜点所依托的精致下午茶，而是心中那种对待学问、人生认真端正的情怀吧。

4.屋内只有猫咪慵懒的踱步声,咖啡馆温柔的灯光最配一本满是情怀的好书
5.慕斯蛋糕有幸福的味道

## 📍 饮品店资讯

**地　　址:** 海淀区清华大学西门向北第二个胡同内

**电　　话:** 010-62423481

**人均消费:** 50元

**特色推荐:** 咖啡、手工甜点

# 桥咖啡
## ——沟通世界的桥梁

对于生活在五道口的学子而言，桥咖啡不仅是一家咖啡馆，还是多元文化沟通的平台。错落有致的桌椅和舒适柔软的沙发，可以用任何舒服的方式看书、学习、交流。晚间的文化沙龙、周末的英语角活动让整个空间无形中散发出独特的文化气息。

◆ **饮品店特色**

◆ 三层空间，每一层都有自己的特色
◆ 五道口最知名的双语互助学习场所
◆ 24小时营业，夜猫子可以尽情happy
◆ 临窗可望见城轨缓缓行驶

## 这里是交流的平台

行走在五道口，总是会遇到不同肤色的国际友人，这里高校云集，也是海外留学生的聚集地，多种文化在此交融，洋溢着国际化的氛围，位于华清嘉园的桥咖啡自然也不例外。

从街边的楼梯而上，首先映入眼帘的是入口处的公告板，不似其他咖啡馆张贴着特色饮品推荐，上面布满的却是寻找互相学习语言的partner的小告示，英语、韩语、西班牙语……各种语言在此汇聚，细微之处体现着这家街角咖啡馆的与众不同。

二楼大厅早已坐了几桌客人，果真有很多金发碧眼或黑皮肤的外国友人，轻声细语地交流着；也有独自来的学子抱着大块头的图书在细细品读，时不时在笔记本上记下一些心得；隔壁桌是一位开着电脑流畅敲打着键盘的女孩，不知道是在修饰着精美的PPT还是润色着毕业论文；临窗的位置坐着两位成熟的男士谈笑风生，或许在交流着工作中的创意与理想。

1
—
2 | 3

1. 明亮的用餐空间，也是多文化交流的平台
2. 这里的美食皆出自这个窗口，整洁干净的桌面让人十分放心
3. 白色帘幔对空间进行了分区，既美观又保留了私密性

桥咖啡之名在于"桥"字，与人交流、与文化沟通，是这家咖啡馆特殊的氛围。

## 美食的天下，文化的沙龙

虽为现代化多层建筑，室内却装饰了梁木，厚重的颜色营造出了复古的情调。墙上贴着经典的电影海报，书架上摆放着琳琅满目的中英文书籍，显示出浓厚的艺术气息。白色的慢帘将空间做了分区，既增添了空间的灵动，又保留了私密性。绿植萦绕的顶层

大厅早已坐着几桌客人，有人闲聊有人沉思

阁楼更是傍晚纳凉、闲聊的最佳位置，望着城市里的万家灯火，远远看着城铁缓缓滑过，怀揣着梦想的年轻人上了车又下了车，总是会有种别样的感动。

桥咖啡的咖啡中规中矩，蛋糕和简餐却美味得让人印象深刻，店中的胡萝卜蛋糕更是深受食客喜爱，白色的奶酪微微有柠檬的清新，甜而不腻；胡萝卜与核桃搭配着，软硬结合又营养健康，对于用眼用脑过度的学子和上班族来说，明目补脑，十分讨巧。

咖啡馆的简餐种类十分丰富，既有薯条、汉堡等英美快餐，也有意大利面和帕尼尼，多国美食搭配着多元化的沙龙活动，带给国内朋友体验多元文化的机会，也让远在异国学习、工作的外国友人有种归家的慰藉。

## 📍 饮品店资讯

**地　　址：** 海淀区五道口华清嘉园12-8号
**电　　话：** 010-82867026
**人均消费：** 45元
**特色推荐：** 布朗尼、胡萝卜蛋糕、简餐

# 塔莎花苑
## ——塔莎奶奶的美好生活

塔莎花苑是一家花房咖啡馆，虽然开业不久，却已赢得了不少爱花之人的喜爱。木制的装潢、鲜花遍布，店铺一如森林里的魔法小屋，让人心生欢喜。可爱的甜点清新而甜蜜，精心开设的花艺课程一分一秒间流淌着诗意。这里的时光美好得似慢慢盛开的花朵，这里的生活就像是塔莎奶奶理想中的样子。

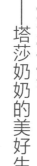

◆ **饮品店特色**

- ◆ 客厅、有阁楼，鲜花遍布
- ◆ 舒适的沙发和可以放空的小角落
- ◆ 花艺课程充满欢乐
- ◆ 精致的甜点有颜值也有味道

### 繁花似锦的魔法小屋

离圣诞节虽然还有半个月的时间，但是京城的大街小巷早已弥漫着节日的气息。葱翠的绿色、欢快的红色，再来一场洋洋洒洒的大雪，每个人在心里早已预演着完美的圣诞之夜。

去清华大学的路上，经过华清嘉园，一家新开不久的小店让人不禁驻足。透明的橱窗内花意盎然，两个悬挂着的圣诞花环更是增添了节日的喜庆。翠绿的冬青枝被折成了环形，褐色的松果穿插其间，红艳艳的小浆果和小铃铛搭配得刚刚好，店主更是别具新意，用一朵小棉花做装饰，有种别样的可爱情趣。

轻轻推开门，正在打理花枝的店员带些歉意地说："楼下稍微有些乱，请您先到阁楼上坐一坐吧。"如此才注意，小店原是Loft结构，一层作为花室，摆满了五颜六色、形态各异的鲜花，中间有木质的平台，若是没有在创作花艺，也可当作小小的吧台。阁楼是个小小的咖啡厅，有舒适的卡座和沙发，花朵图案的抱枕温暖柔软，忍不住想要抱

台阶上的绿草与扶梯边的一束束干花，让楼梯也完全融入了自然的美景中

好久；也有原木的吧台，蓝色的背景墙上花枝萦绕，有画眉鸟停在枝头，好似唱着一支欢快的曲子；桌上花盆里，一品红开得正艳，喜气洋洋地传达着它的热情。

店员送上一杯柠檬水，配上刚点的杞果千层塔刚刚好。坐在阁楼靠近楼梯的位置，看店内繁花似锦，似乎此刻已置身于春日里的魔法森林，小仙女的魔法棒轻轻一挥，便百花开放。

## 现在就是最好的时光

店名叫作塔莎花苑，寓意塔莎奶奶的美好生活。塔莎奶奶名为塔莎·杜多，是美国著名的生活艺术家，也是插画作家。她出身名流却不愿过世俗的生活，醉心于简单质朴的农场生活。她喜欢小动物，亲自种植水果蔬菜和鲜花，自己纺线织布裁剪缝制衣物和玩偶，挑水做饭烹饪古法美食……她用30年的时光建造了梦中19世纪的农场，那是属于她的世外桃源。在《塔莎奶奶的美好生活》一书中，塔莎奶奶以其对自然的热爱、对细小事物深刻的感悟，影响着喜爱她的读者对待生活的态度。

在塔莎花苑微信平台里有这么一段话，应是店主所写，"很久以来梦想着在街角有一家温馨的小店，让人们每天上下班经过，看看橱窗，也会温暖于心"。或许店主是塔

阁楼上的温暖时光

莎奶奶的忠实粉丝吧，这种美好简单的小片刻也正是塔莎奶奶实践于行的生活。

塔莎奶奶说过，"只有年少时拥有年轻，是件可惜的事。对我而言，随着年岁的增长，日子过得更充实，且懂得享受生活乐趣。现在就是最好的时光"。

如果哪天，你觉得累了倦了，恰好路过五道口，不妨来塔莎花苑坐一坐，像塔莎奶奶一样，学会享受现在的最好时光。

## 📍 饮品店资讯

地　　址：海淀区五道口华清嘉园(东门北侧10米)13-3号底商

电　　话：18612295077

人均消费：30元

特色推荐：杧果千层塔、花艺课程

# 798 艺术区
## 你好，艺术；你好，情怀

798艺术区的前身是新中国工业快速发展时期的国营电子厂，经过几十年的变迁，这里早已不再是热火朝天的工业基地，而成为北京最具象征性的文艺地标。

老旧的德式厂房经过艺术家们独到的改造与设计，摇身一变，成了极具现代气息的文化与艺术空间。高耸的烟囱上已有鸟儿筑好了巢，在黄昏的光影中显得落寞；而旧厂房与车间改造而成的画廊、书店、剧场、餐厅、咖啡馆却热闹非凡，焕发着新的生机。

这里如同艺术的乌托邦，古典与现代、流行与传统、西洋与东方……形式不同、风格迥异的艺术在这里经历着初生与成长、成熟和衰亡，它特有的文艺氛围滋养着世界各地前来参观的游客，让人印象深刻。

尤伦斯当代艺术中心正在展览宝马集团的概念车，炫酷的车身让人对未来心生向往；珍爱时刻咖啡馆中绿意盎然，古老的蕨类植物诉说着地球几亿年的变迁；小柯剧场中上演的音乐剧有欢笑、有泪水，提醒人们思索爱情、思索人生；熊猫慢递里寄给未来的信笺，传递着等待是一种信仰的声音；单向空间举办的觥筹交错的鸡尾酒会背后则是对文化的传承。

798不仅是一处艺术圣地，更是探寻心灵的平台，用优雅、古朴或另类的方式，触发着人们对美好生活的感知。

单向空间
——天堂应是图书馆的模样

由圆明园中一家小小的书店发展成为一处思想和文化的交流空间，单向空间用了10年的时间。单谈、单读、单选、单厨，文学艺术沙龙、杂志出版物、文创产品、创意美食，在每个品牌的背后，是对文艺生活全面、深刻的体验。阅读不再简单局限于视觉，听觉、触觉、味觉的联动，方能印象深刻，引发思考。

◆ 书店特色

◆ 汇聚思想文化的阅读 "天堂"
◆ 高质量文化沙龙
◆ 最感动人心的文创产品
◆ 由书而发的美食创意

## 天堂的模样

单向空间花家地店位于中国社科院研究生院院内，有着透明的玻璃窗、种满草地的庭院。这样一座被浓密的爬山虎覆满灰墙的老楼静静地坐落在这里，一种大隐于市的态度，仿若其前身单向街书店曾经在圆明园时的模样。

棕色的木门隔开外界的纷扰，店内、店外是两个截然不同的空间。木地板上，一只黑白相间的猫咪优雅地走过，让肃穆的空间多了一份温柔。书店整体分为四层。三、四层为办公空间，二层用以播放电影与举办活动，一层功能更为丰富，分为图书区、休憩区与吧台。

找了个舒服的位置坐下，玻璃窗外微风吹拂着爬山虎，荡起一层一层的绿波，抚慰着躁动的心。玻璃窗内，音乐轻柔，光影昏暗得刚刚好，五颜六色的书籍泛着彩虹的光

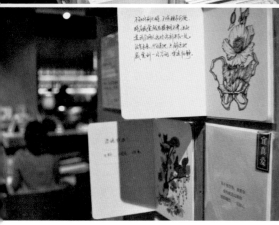

1. 一层空间，有很难在其他书店看到的《猜火车》，橘黄的外皮就像其文字一样前卫、叛逆
2. "宜珍爱，宜表白..."风趣的卡片并不是告诉我们要做什么，而是给我们行动的鼓励
3. 单选，这里有最逗趣文艺的生活指南——单向历

芒，不知道博尔赫斯的天堂是不是这个样子。

"我心里一直都在暗暗设想，天堂应该是图书馆的模样。"博尔赫斯在《关于天赐的诗》中曾写下这段诗句，内心充满了对阅读狂热的爱。他应该不知，在远隔万里的一个亚洲国度，几位年轻人受到这句话的影响，创造出一个爱书者梦想中的天堂，这句话

位于中国社科院研究生院院内的这家店总是座无虚席，三三两两的群体讨论着颇有深度的话题

不仅被铭刻在单向空间的每个角落，更是作为理念支撑着这家书店的发展。

## 阅读新体验

相较于其前身单向街书店，现在的单向空间保留了传统文化沙龙和书店功能，同时创新了单读、单选与单厨，从听觉、视觉、触觉、味觉等多种感官途径，创造了新的阅读体验。

"单谈"是单向空间传统的文化沙龙，通过邀请文化名人与读者进行座谈，使得不同行业、不同年龄的参与者在此获得共鸣，发现认识自我、认知生活的新视角。莫言、陈丹青、白先勇、严歌苓、田沁鑫、贾樟柯、赖声川、柴静、梁文道等皆是座上宾。单向空间官方统计数据表明，自2006年单向街书店成立，近10年来已累计举办过600余场沙龙，邀请1000余位嘉宾，听众达10万之多。

"单读"的前身是单向街杂志，用全新视角和文体记录、发现世界上有趣的事物，给予年轻读者与众不同却深刻的思想观点，激发读者对自身生活的深度理解与思考。

"单选"是单向空间原创设计的文化衍生品，包括书签、明信片、手账、丝巾、行

二层日常放映电影的地方

李箱等，每种产品皆来自一句简单却发人深思的文字，让普通物品与心灵有了物质与精神上的沟通。"单选"中最有名气的是单向历，也是单向空间微信中每日更新的内容，画面简洁却是对传统老皇历吉凶宜忌的再创新，如宜重返童真、宜剧透，有趣的提醒或名言佳句的背后还会有一段简介，来自某段文学作品或者是某位大师的真实生活。每天一页单向历，可知历史上的今天文学与艺术的世界里发生了怎样的故事，欢快之余让生活多了些许文艺的气息。

"单厨"是单向空间的创新之举，饮料与酒水的名字都取自文学作品，味道或许是某本书中曾经描述过的那样。美味的食物，唤醒沉睡已久的某种感觉，一如读过的某本书籍描述的那个午后，有着甜腻腻的糕点与清凉的柠檬水的味道。

## 📍 书店资讯

地　　址：朝阳区望京中环南路1号社科院研究生院尚8人文创意园D座1层

电　　话：010-84177266

## 小柯剧场
### ——戏里戏外皆有料

《稳稳的幸福》《等你爱我》《因为爱情》，这不仅是三首耳熟能详的流行歌曲，也是小柯剧场「爱情三部曲」的音乐剧剧名。小柯剧场，一家位于798艺术中心的音乐剧小型演出场馆，由音乐人小柯创办，由真实故事改编的话剧与原创音乐完美结合，演出中有欢乐也有泪水，令人动容。

◆ **剧场特色**

◆ 好看好听的原创音乐剧
◆ 常年巡演"爱情三部曲"
◆ 剧场一层有"麸子"餐厅

### 小柯的剧场

如果你从751火车头广场路过，很自然会看到小柯剧场的建筑。红色的砖瓦、方方正正的结构，依稀保留着20世纪工业厂房的模样，与印象中高大而略带神秘感的剧场相差甚远，质朴亲切得好似邻家小院。

作为作曲家、作词家、歌手、制作人，小柯本人非常低调。如果你看过古天乐、李若彤版本的《神雕侠侣》，一定会对其中的歌曲《归去来》印象深刻，"这次是我真的决定离开，远离那些许久不懂的悲哀。想让你忘却愁绪忘记关怀，放开这纷纷扰扰自由自在……"当熟悉的旋律响起，歌词勾出曾经的过往，你可知道这首经典歌曲的词曲是由小柯创作？

与北京其他颇有名气的小剧场一样，创始人的价值观与专业背景对剧场剧目的选择至关重要，因小柯的音乐创作背景，小柯剧场的剧目更具个人特色，主打原创音乐剧。

红色的砖瓦结构，小柯剧场亲切得好似邻家小院，上演的音乐剧为观众带来无限感动

音乐剧起源于欧洲、兴盛于美国，是一种将音乐、表演、舞蹈、对白相结合的戏剧方式。它不同于歌剧的美声唱法，音乐以流行音乐为主，也没有华丽复古的服饰，都是平常的妆容，表演贴近观众的生活，对白更易于观众理解，因此深受大众欢迎。

中国的音乐剧发展较晚，民众对这种剧目相对比较陌生，小柯剧场的定位相对小众，但推出的音乐剧却场场爆满，一票难求，由此可见观众对小柯剧场的认可。

## 爱情三部曲

小柯剧场最经典的剧目非"爱情三部曲"莫属，《稳稳的幸福》《等你爱我》《因为爱情》。

"昔日美好的校园恋、曾经浪迹天涯的誓言、金钱与良心的抉择。一切一切都让这段感情慢慢被误解侵蚀，各自走上截然不同的道路。"《稳稳的幸福》中如同青春怀旧电影般的剧情介绍吊足了观众的胃口，老狼、叶蓓、胡夏、付梦妮的参演，更是让观众对音乐剧充满了期待。专业的音乐素养、真挚朴实的表演方式，艺术化地引领着观众去思考，有关婚姻与爱情、事业与尊严、朋友与梦想。

一部好剧如同一瓶好酒，笑中带泪又让人回味无穷

有关爱情，人们总是会与青春联系在一起。小柯的"爱情三部曲"，有浪漫纯真的校园爱情，也有中年夫妻对爱情的思考与抉择，不同的爱情故事，不同的人生结局，在不一样的时空中给予观众不同的感动。有人会想起自己的初恋相爱却最终不能相守而遗憾落泪，有人会因为已有了最好的伴侣而微笑欣慰，戏剧落幕之后留给观众的心灵震撼才是小柯剧场送给观众最宝贵的礼物。

## 百万约定

《百万约定》是小柯剧场继"爱情三部曲"后的又一力作，故事发生在2015年股票市场大幅波动的背景下，一位普通"80后"男孩为了迎娶心爱的女孩，对未来老丈人做出百万彩礼的承诺。在股市跌宕起伏下，剧中人物面临着种种波折，引领着观众思考人生的追求。

在《百万约定》谢幕的时候，小柯亲自介绍剧情，其情节大多来源于真实生活，在2015年股灾大背景下，有人血本无归，有人跳楼，也有一位数学系的女生凭借斐波纳奇数列躲过两次大跌。来源于生活的故事情节，更贴近了观众的生活，更容易激起观众的思想共鸣。这部新剧一如小柯剧场的其他音乐剧，几首新创作的原创歌曲让观众十分喜爱。"我多想你能永远在我身旁，我多想你能永远是个孩子，我多想你能永远骑着我的肩膀，一起看夕阳……"跳出了爱情的氛围，一首表达着父女温情的歌曲《没人敢像你

一层售票处有小巧的书架，上面有杂志以及最新的演出剧目资讯

那样》更是让人印象深刻。

一部好剧如同一瓶好酒，笑中带泪又让人回味无穷。或许小柯剧场坚持的东西十分简单，不忘初心，方得始终。一如小柯自己所言："我做的话剧不会刻意捕捉观众笑点与泪点，不过分注重舞美场控，我只是真诚地用原创音乐串联起真实故事改编的剧情，希望戏迷感受到我内心的动容。"

📍 剧场资讯 ——————————————————————————

地　　址：朝阳区酒仙桥4号798艺术区内751动力广场

电　　话：010-84599338

票　　价：99（学生票）～699元

## 尤伦斯当代艺术中心
### ——中国当代艺术的窗口

囚笼中鲜红的远古巨兽与暗红斑驳的老厂房总是那么公告眼，建筑与雕塑是静止的，而艺术的光辉则生生不息，在此迸发出了当代中国最明亮的一缕光芒。尤伦斯艺术中心之于798艺术区，就如同天安门之于北京，外滩之于上海，总是有种难以用三言两语便可表达清楚的特殊意义。作为较早入驻798艺术区的国际性艺术机构，它为中国当代艺术打开了一扇窗口，向来此参观的中外游客展现着多姿多彩、美轮美奂的中国当代艺术。

◆ 店铺特色

◆ 老旧厂房里汇聚着国内外当代艺术精华
◆ 国际性的公益艺术机构
◆ 有原创的艺术品商店

### NEXT 100，当我们看展时我们想些什么

从798艺术区西门进入，如果你能找到三只被关在笼子里的巨大红色恐龙雕塑，那么你便不会错过尤伦斯当代艺术中心。

去尤伦斯当代艺术中心的那天，艺术中心入口处的公告板上贴着金色宝马车的海报，原来是宝马集团为纪念100周年在做概念车的展示，海报中名为"BMW VISION NEXT 100"的宝马概念车，炫酷的颜色、流畅的外形，让人心生向往。

100年后的世界会是怎样？那些不可思议的事物是否会像科幻小说中描述的那般？对于未来，我们芸芸众生只能在脑海中想象着，但在世界某个角落，却有一群科学家，用超前的科技把脑中的想象实物化，描绘着未来世界的炫酷蓝图。

步入展厅，巨型LED屏幕上播放着宣传片，阐述着未来社会变革的趋势，也诠释着宝马在技术上的追求与贡献，光影之间营造出玄幻之感，让人忘却当下只愿奔向不可见

位于艺术中心旁的尤伦斯艺术商店，向步入店内的客人传递着"将艺术融入生活"的理念

旋转的展台缓慢移动，360度全方位展示着宝马概念车每一个细节

光影之间营造出玄幻之感，让人忘却当下只愿奔向不可见的未来

的未来。

　　向深处走去，簇拥的人群自然围成一个圆环，其中炫酷夺目的就是展览的主角——"NEXT 100"。一如海报中绘制的那般，古铜色的颜色分外夺目，柔和流畅的线条给人美感，翼形车门自车顶打开动感十足。旋转的展台缓慢移动，360度全方位展示着每一个细节。场边的解说员给大家讲述着核心技术与开发理念，引领着参观者，将思绪带入车中、驶向未来。

　　除了宝马的概念车展外，尤伦斯当代艺术中心还同步进行着名为"礼物"的画展。创作者王音通过油画的形式阐释着"赠予"和"互惠"的关系，同时展现出"出发""游离""还乡"的艺术"旅途"。

　　有关未来，有关过去，有关科技，有关艺术，在同一时刻，劳伦斯艺术中心做着多元化的展示，给人们带来不同的体验、不同的思考。

## 尤伦斯艺术商店，将艺术融入生活

　　位于展览中心旁的尤伦斯艺术商店以一种全新的模式将原创的艺术实践于生活中，是国内限量版艺术品专业化运营的开创者。店内的商品价格从几十到几千、上万不等，拥有不同层面的顾客。

绚烂星空的高科技，宝马随处给人惊喜

　　在所展售的艺术品中，看到向京老师创作的兔女郎，长长的耳朵、安详的脸庞，温暖人心。之前有幸参观过向京老师的"稀奇艺术中心"，并由向京老师做向导，跟随她一起探访北京年轻艺术家。稀奇的艺术品手册上这样介绍兔女郎，"纯真年代走来的兔女郎，你问她看到了什么，她说'我看到了幸福'。你一定要相信她的话，因为她的脸庞比我们都安详。她有所有花的色彩，她有梦做的连衣裙"。

　　艺术品不仅仅是一件物品，它所带来的感动与对美好生活的憧憬才是创作者给予购买者最好的礼物。尤伦斯艺术商店的艺术品不仅有其独特的设计，可观赏，可实用，艺术在这里贴近生活，而生活也因其变得别具一格，这也是尤伦斯艺术商店的办店宗旨，即"将艺术融入生活"，相信这也是这家艺术商店生命力的源泉。

### 📍 店铺资讯

地　　址：朝阳区酒仙桥路4号798艺术区内

电　　话：010-57800200

门　　票：展览门票10元（周一闭馆、周四免费）

**特色推荐：** 新锐艺术展、原创艺术品

# 熊猫慢递

## ——等待是一种信仰，远行是为了回家

你有多久没有收到手写的信笺？跨越千山万水，在时间的流逝中缓缓而来，熟悉的笔迹，似乎还带着笔时的余温，散落着樱花的信纸，诉说的不仅仅是纸上的文字，还有隐藏在心中难以开口的情怀。熊猫慢递，给他或她或是自己写一封寄往未来的信，是一份牵挂，一份希望，也是一种信仰。

◆ 店铺特色

◆ 手写的信笺传递着"慢生活"的态度
◆ 有名人信札可以阅读
◆ 店内随处可见的熊猫元素十分可爱

## 写给未来的信

绿色的邮箱旁，一只憨厚可爱的熊猫身穿绿色军装，背着小邮包，一副邮递员的模样，这就是位于798艺术区的熊猫慢递。明艳的红色与葱翠的绿色覆盖着整个空间，黑白色的熊猫元素随处可见，有戴着眼镜认真读信的收件人，有坐在柜台后接收邮件的前台，还有爬在展示架上的熊猫公仔。熊猫充当着这家创意店铺的形象管家，认真严谨地保管着客人的情感。

慢递，又叫作写给未来的信，是由慢递商店帮您保存写在当下的信件，在约定的未来某个时间投递给指定收件人。在即时通信的时代，一封电子邮件、一条短信、一通电话皆可在数秒之间穿越相隔万里的空间，慢递的意义绝不仅仅是信息传递的功能，还有信息背后对当下心情的记录、对未来梦想的展望。

店里有厚厚的留言本，上面记录着来此保存信件客人的留言，文字之间展现着不同的情感。苍劲有力的笔迹，是一位父亲的留言，写给现在16岁的女儿，邮寄时间是5年后。从时间上推测，那时的女儿已经21岁，可能刚刚大学毕业。我们不知道那封5年后

斜靠着椅背的熊猫掌柜。他说："等待是一种信仰，远行是为了回家。"

寄出的信件到底写了些什么，或许是对即将步入社会的女儿的小建议，也或许是对可能投入恋爱中的女儿的小忠告，又或许仅仅是一位讷于言的父亲对女儿满满的父爱之情。

在休息区，有位年轻的妈妈带着一个三四岁的小男孩在写信。小男孩说："我长大后要成为奥特曼。"妈妈问："为什么？""打怪兽。"小男孩手舞足蹈，"还要保护地球！"稚气的童言让人忍俊不禁，妈妈也极其认真地在信纸上记录着。这或许是一封由妈妈代笔的小男孩写给未来自己的信，我不知道收信的时间，或许那时他已经长大，他会明白，他永远也不能成为奥特曼，这个世界上也没有怪兽。只是收到这封信件的时候，当他看到小时候的梦想，我想他还是会坚持，因为相信正义，是每一个年龄都不能丢掉的信念。

留下你的情感，我们帮你寄出

熊猫慢递中有两句话挂在显眼的位置，"等待是一种信仰"，"远行是为了回家"。不知从什么时候开始，我们习惯了隐藏自己。不开心的时候强颜欢笑，开心的时候却又故作深沉，我们将自己层层包裹，小心翼翼地与人交流，害怕毫无保留地放开自己而受到伤害或是伤害了别人。慢递的方式缓解了我们的焦虑，任由时间的流水冲刷着覆在心灵上的沙土，将当下不愿展示的情感、不能与人诉说的秘密书写下来，把疑惑和不安留给时间。

1 | 2
  | 3

1. 满屋胖嘟嘟的小国宝，你能数得清到底有几只吗
2. 老式婴儿车里的熊猫宝宝，让人觉得欢喜又热闹
3. 少见的火漆印章，将自己的寄语一滴滴蜡封在当下，从此静待漫长时光，以求真想揭晓的那一天

    我想，不论是快节奏的即时通信，还是刻意放缓步调的慢递，皆是情感表达的一种方式，最本质的还是通信背后所表达的情感。不论是敲打出的一封电子邮件，还是提笔书写的一封信笺，只要字字是真实的情感皆会打动人心。

    熊猫慢递的置物架上摆着一封余光中写给未来孩子的信，"你的心要如溪水般柔软，你的眼波要像春天一样妖媚。你要会流泪，会孤身一人坐在黑暗中听伤感的音乐。你要懂得欣赏悲剧，悲剧能丰富你的心灵"。一些较有代表性的名人信札也会被抄录在信纸上，装饰在柜子里或摆放在书桌上。

    在这里，即便没有亲手写一封寄给未来的信，读一读别人的真切之言，总有一些文字会在时间的流逝里触碰你的心灵，给你温柔，给你力量。

## Ace Cafe
## ——火车头是它的风景，青春是它的格调

很多人知道火车头广场，是因为湖南卫视的一档明星真人秀节目《偶像来了》，北京区的拍摄取景于此。色彩鲜明的动力火车与充满活力的游戏，给观众留下了深刻印象。Ace Cafe是火车头广场最耀眼的明星，主体建筑不仅占用了旧式火车站台，连带火车头后的车厢都成为其就餐的餐厅。霸气如此，自然让人不忍错过。

### ◆ 饮品店特色

- ◆ 金属朋克质感的美式工业风
- ◆ 由老站台改造而成，内设火车车厢餐厅
- ◆ 机车摩托车车友会聚集地

### 火车头是它的风景

去798艺术区游玩，自然不会错过位于751时尚设计广场中的火车头广场。广场边的铁轨上停放着一辆工矿用蒸汽机车，编号0751。火车头在保留车体结构的同时，在颜色上做了创新。漆黑的车身搭配鲜红的色彩，不仅承载着人们对工业时代的缅怀，也赋予其文化创意的新使命。

铁轨与火车头、红与黑的碰撞，怀旧的腔调搭配大胆的视觉冲击，让这里备受摄影师的青睐。于是，这里不仅成为婚纱摄影和服装设计师拍照的绝佳一景，也成为文艺青年们纪念到此一游不得不拍的背景。

广场上有家咖啡店——Ace Cafe，紧邻火车铁轨。这里由原来的老站台改建而成，除了上、下两层的空间外，火车头后面的车厢也属于这家咖啡店的一部分，是京城内为数不多的可以在老机车车厢内用餐的咖啡馆。不论是坐在露天阳伞外，还是透明落地窗

每逢周末午后，循着摩托马达的轰鸣声，你便可以在此看到各式炫酷的机车摩托，Ace Cafe已成为京城机车摩托爱好者的聚集地

的站台内，抬头皆可望见气势磅礴的火车头，它已成为客人眼中随处可见的风景。

## 工业的味道，青春的格调

Ace Cafe建筑主体是原来的老式火车站台，方正的结构依然能清晰地辨认出昔日车站的痕迹，而上、下两层的Loft空间却充满了前卫感。店内装饰带有浓郁的美式工业风，大面积裸露的金属、黑色铁艺与灰黑色皮沙发，有着硬朗的线条和复古的情调。两台飞镖机与表演舞台分立大厅两侧，气氛火热，甚是耀眼。

吧台的背景是一面不锈钢墙面，令人赞叹的是其"可变形"，据说是由众多金属片组成，因齿轮的带动可呈现出高低不同的层次，于是墙面可平面也可立体，像是具有了生命一般。

作为一家以机车为主题的咖啡馆，这里总是不经意间发出最吸引人的声音。每逢周末午后，循着摩托马达的轰鸣声，你便可以在此看到各式炫酷的机车摩托，古老的火车机身与站台，年轻的面孔与动感十足的机车，Ace Cafe在担当着京城机车摩托爱好者聚集地的同时，也展现着工艺区与艺术区的完美结合。

初秋的午后，有秋风吹过，咖啡馆外的露天空间最是舒适

吧台的金属背景，因齿轮的带动可呈现出高低不同的层次

两台飞镖机立在咖啡馆一侧，这里不仅是咖啡馆，也是朋克文化的小空间

脱离热闹的人海和丰富多彩的活动，Ace Cafe整体呈现着恢宏壮观的视觉震感。曾经一个雪天的清晨，顶着纷纷扬扬的大雪而来，气势磅礴的蒸汽机车如同冬天里的一把火，在满天扑来的雪花中灼热地燃烧着，站台上大大的招牌"Ace Cafe，SINCE 1938"仿若是一座里程碑，引领着年轻的人们在此开启一段美好的青春。

一杯果汁，一份简餐，一段清爽的午后时光

## 📍 饮品店资讯

**地　　址：** 朝阳区酒仙桥路4号798艺术区内火车头广场旁

**电　　话：** 010-84567989

**人均消费：** 70元

**特色推荐：** 摩卡、岩溶巧克力蛋糕、蜂蜜柚子茶

## 珍爱时刻 Botanica
## 植物园餐厅
### ——珍爱生命里的每时每刻

钢筋混凝土的城市空间及争分夺秒的现代化生活节奏，让每个置身其中疲惫不堪的人对森林有着更多的向往。温润的气候、繁茂的花草、缠绕的藤萝、纯净的空气，在光影变幻中，呈现出如同原始森林般的梦幻。珍爱时刻植物园餐厅，用它独特的方式营造出绿色迷宫般的热带雨林，在一杯咖啡或一顿美餐的时间里，提醒着端坐其中的人放慢生活，回归自然。

## ◆ 餐厅特色

- ◆ 深藏在老厂房里的秘密花园
- ◆ 满是蕨类植物的雨林餐厅
- ◆ 室内雾气缭绕，光影下宛若仙境
- ◆ 可以承办小型精致的婚礼

### 雨林里花儿绽放

初夏的黄昏，太阳还带着余温，慵懒的光芒洒落在花园里，紫色的小小花朵一簇一簇的，一位身穿白色长裙的女孩伫立其间，细心清理着杂草，时空在这里变得温暖而灵动。

这是珍爱时刻外的小花园，大大的落地窗里面更是绿意盎然、花影摇曳，让人忍不住想要去看一看。

一层是一间玻璃花房，黑色的背景墙上用白色涂料画上了曼妙的藤蔓与形状各异的枝叶，各种植物剪影枝蔓交融，给人图腾般古老又神秘的感觉。木制的长桌上，透明的玻璃瓶里粉色的花朵绽放着，开得绚烂而温柔。

沿着楼梯拾级而上，二层的雨林餐厅让人眼前一亮。墙壁上、桌椅间、花架上、天

A11

珍愛時刻
THE PRECIOUS MOMENT

经过改造的厂房多了几分现代建筑的
美感，但内部的惊喜更令人回味

1 | 2　　1. 餐厅的设计颇为巧妙，以植物做空间区隔，但仍保持了视野良好的通透感
　　　　2. 有阳光、有花朵也有风景

花板上，各种绿色的植物长得繁茂。空间里的桌椅特意用了透明的材质，有小型植物嵌入透明的桌子中间，以求每个角度都被植物环绕着。整个空间遍布着蕨类植物，空气里润润的，即便没有开空调，依旧十分清凉。植物的芬芳让人神清气爽，似乎有种魔力，可以使人们暂时忘却烦恼。

　　在夜晚，这里将会点亮蜡烛，在桌上、花架上，烛光朦胧，享用一顿精致的晚餐、一杯清爽的饮品，植物是这里的主角，我们只是这处雨林里的小小配角，用心感受这里的美妙。

## 这里有最美的时光

　　店名为珍爱时刻，植物只是主题，其背后有着更为美好的寓意。餐厅的创始人高意静老师是一位来自中国台湾的高端婚礼定制艺术顾问，同时也是花卉美学的缔造者。这家餐厅是其花卉艺术的延伸，如同对待婚礼、宴会的创作一样，她通过对自然之美的塑

造，使得人们体会到最纯真的温柔与感动。

　　"如果人们不能到大自然中去，那我就把大自然请进门来。"餐厅内对细节的追求让人惊叹，不单体现在植物的布置与装饰上，对于自然光的运用也使空间内自然原生的氛围进一步升华。

　　日落的余光从窗而入，窗边植物的影子投落在桌子上、地板上，真实的植物枝蔓与虚幻的光影交织着，仿若置身于原始热带雨林。听店员说，清晨时分这里也非常美丽，太阳的光芒从天窗穿透，形成三条朦胧的光柱，即便没有亲自看过，在脑海中自行想象了一下画面，也觉得十分美好。

　　阳光照射在屋内的雾气上，光与影的变幻让人心生感动。无论是清晨、正午抑或是黄昏，每一刻都让人迷醉其间。置身于如此美轮美奂的环境，无论是一个人独享静谧的午后，还是与心爱之人执手相视都是值得铭记的时光。

　　对于即将步入婚姻殿堂的恋人，也可在此互许终身，相信高老师会为你们策划出一场一生难忘的婚礼。

$\frac{1}{2}$　1.墙壁上、桌椅间、花架上、天花板上，各种绿色的植物长得繁茂，如同迷你版的热带雨林
　　2.楼梯间悬挂的各类植物总使得客人放慢移动的脚步

## ♀ 餐厅资讯

地　　址：朝阳区酒仙桥路4号798艺术区751D · PARKA11楼

电　　话：010-56181908

人均消费：100元

特色推荐：烛光晚餐

# 后记
## AFTERWORD

写到这里，心情有些复杂，既有"终于写完了"的轻松，又有"已经写完了"的不舍。我并不是一个下笔如神的作家，所以每写一字都要斟酌一番，生怕描述得不够清楚，表达得不够生动。

现在回过头来仔细翻看，还是会有一些遗憾，有曾经探访过的书店已经关张，有给予我很多感动的咖啡馆已经易主。在整本书的创作过程中，有一些想象不到的变动，因此在修订文稿的时候会有很多感触。在删除文字的同时，有些伤感，那些在我生命中美好的、感动的故事自此再也无人知晓，如同在这世界上早已不复存在的店面，只能停留在我记忆深处独自回忆。虽然有些遗憾，但也终会明白，这才是生活最真实的模样，没有任何事物会为你而停留。去探访那些散落在城市各个角落里的咖啡馆、书店与客栈，如同一场场美丽的邂逅，不必去想以后能否厮守，珍惜当下才是最重要的事情。

整本书的创作过程有些漫长，写下这段文字的时候已是北京的孟夏，满城的月季花开得绚烂而多情。还记得去年写下第一篇文章的时候也是这样的时节，那天正好路过圣弥厄尔教堂，一株黄色镶着粉边的月季攀爬在篱笆上，巧笑倩兮，令人动容。不知不觉，已经过去一年的光景。

正是因为创作时间的漫长，让我能够细致体会北京四季不一样的风情，在时光流逝中慢慢感受这座古老皇城的清新与浪漫。如今还记得春雨朦胧的黄昏里，北锣鼓巷的玻璃花房中那杯海盐玫瑰味道的卡布奇诺，有点苦又有点甜，如同初恋一般。

那些探访过并被写进书中的街角咖啡馆、创意小店铺，于我来说不仅是一时路过的风景，还是悄然融入生活里的点滴，带给我欣喜，带给我感动。当冬日寒夜加班到凌晨时，总会十分想念芝士蜜的芝士蛋糕，仿若只有它的香甜才能犒劳一天的辛劳；当运动健身却跑不过5千米的时候，不禁会想起诗意栖居咖啡馆的女店主，零下16度的深冬与黑人朋友相约跑二环，唯此方可激励我继续奔跑；当好友婚礼、长辈做寿，之前总是苦思冥想不知道该送什么礼物，而现在采瓷坊独一无二的古瓷饰品和京扇子雅致的折扇已成为我的不二之选。

　　这本书的创作，伴随着我的成长。在这短暂而又漫长的一年时光里，我在工作上完成了一个世界500强企业的IPO，学业上取得了CPA的综合证书，生活里还能偷得浮生半日闲，逛逛小店，写写闲情。

　　以前，总以为生活是"熟悉的地方没有风景，美好总是在远方"，于是在紧张的工作、学习之余，总是想要逃离生活的城市，去远方，看更多更美的风景；而在创作这本书的无数日夜里，却蓦然发现原来生活还可以"诗意地栖居在大地上"，那些温馨与浪漫就像是散落在沙滩上的贝壳，虽然难以一眼看到却是无处不在。只要怀有一颗温柔而诗意的心，就会感受到隐藏在生活角落里的那些小温暖、那些小浪漫、那些小确幸。

仇潇潇